应用型本科会计人才培养系列教材

YINGYONGXING BENKE KUAIJI RENCAI PEIYANG XILIE JIAOCAI

企业行为模拟
——ERP沙盘模拟

QIYE XINGWEI MONI——ERP SHAPAN MONI

主　编 ○ 郭婉儿
副主编 ○ 杨咏梅

西南财经大学出版社
Southwestern University of Finance & Economics Press
中国·成都

应用型本科会计人才培养系列教材
YINGYONGXING BENKE KUAIJI RENCAI PEIYANG XILIE JIAOCAI

编委会

创百年名校　育华夏英才

总　序

　　会计学院是广州华商学院最早成立的院系之一，现开设会计学、财务管理、审计学和税收学四个专业。其中，会计学专业设会计师、注册会计师、管理会计师、金融会计、会计智能化和国际注册会计师（ACCA）六个专业方向；财务管理专业设公司理财和财务分析师（CFA）两个专业方向；审计学专业设审计师和信息技术（IT）审计两个专业方向；税收学专业设注册税务师专业方向。经过多年的探索，会计学院逐步形成以下办学特色：一是以 ACCA 和 CFA 为代表的国际化教学特色，二是以管理会计师（GAMA）卓越班为代表的协同育人特色，三是以线上线下混合教学实验区为代表的建构教学特色，四是将会计与投融资融为一体的多学科融合特色，五是以华商云会计产业学院为代表的产教融合特色。目前，会计学专业为国家一流专业建设点，财务管理专业为省级一流专业建设点，会计学科为广东省会计类特色重点学科。

　　在长期的教学实践中，广州华商学院一直秉承优质的教学理念，优选国内同类教材中最受欢迎的教材作为各专业课程的指定教材。教材选定的一般原则是：若有多种同类教材，首选教育部规划教材；若有多种教育部规划教材，首选其中的获奖教材；若没有教育部规划教材，优先选择国内知名高校的教材。这种教材筛选方式保证了会计学科各专业教学的高质量，但也不可避免地带来了一些问题。首先，所选教材难以满足应用型高校会计人才培养的需要。财政部出台的《会计行业中长期人才发展规划（2010—2020 年)》明确指出，适应经济社会发展对高素质应用型会计人才需求，加大应用型高层次会计人才培养力度。广州华商学院作为一所民办应用型高校，不论是从办学分工，还是从社会需求角度考虑，都必须以培养应用型人才为主要目标，但现有的教育部规划教材或名校教材大多偏重理论教学，鲜有明确为培养应用型人才而打造的教材。其次，各专业教材之间的衔接度不高。现有教材大多是各专业教师根据各学科教学要求选择的高规格知名高校教材，导致所选各学科教材之间的衔接度不高，有的内容重复讲授，有的内容则被遗漏，教学内容缺乏系统安排。最后，所选教材知识陈旧，跟不上相关会计准则与制度的变化。近年来，

1

我国会计准则及税法、审计等相关法规制度均发生了较大变化，如新的《企业会计准则》的持续发布和重新修订、《管理会计基本指引》和《管理会计应用指引》的发布与实施，以及增值税法规和《中华人民共和国企业所得税法》的相继修订，导致现有教材内容跟不上制度的变化，学生无法系统地学习最新专业知识。在这一背景下，及时编写一套实践性和系统性强、体系完整、内容新颖、适用于应用型高校会计人才培养的会计系列教材就显得极为必要。

本系列教材的特点主要表现在以下几方面：第一，实践性强。本系列教材知识体系的构建、教学内容的选择以应用型人才培养为主要目标。第二，系统性强。本系列教材之间互有分工、各有重点、密切配合，共同构建了一个结构合理、内容完整的知识体系。第三，通用性强。本系列教材力求同时满足会计学、财务管理、审计学和税收学四个专业，多个专业方向同类课程的教学和学习要求，既方便了教师的教学安排，又增加了学生跨专业选课的便利性。第四，新颖性强。本系列教材根据最新发布的会计准则、税收法规，以及相关规章制度编写，以确保学生所学专业知识的新颖性。第五，可读性强。本系列教材力求做到通俗易懂、便于理解和使用，以方便学生自主学习、自主探索。

本系列教材包括会计学、财务管理、审计学和税收学四个专业的专业基础课、专业必修课和专业选修课教材。首批教材包括《初级财务会计》《中级财务会计》《高级财务会计》《成本会计》《管理会计》《财务管理》《审计学》《会计学》。第二批教材包括《财务共享服务》《会计信息系统》《企业行为模拟》《资本市场运作》《高级财务管理》。第三批教材包括《会计职业道德》《金融会计》《税法》《税收筹划》等。

本系列教材由广州华商学院的教授或教学经验丰富的教师担任主编，并由广州华商学院特聘教授或特聘讲席教授负责审稿，从而为所编教材的质量提供了保证。鉴于本系列教材涉及面较广，相关会计准则、制度处于不断的变动之中，加之编者学识有限，难免存在不当之处，真诚希望各位读者批评指正。

2021 年 6 月

前　言

　　党的二十大报告指出："教育、科技、人才是全面建设社会主义现代化国家的基础性、战略性支撑。必须坚持科技是第一生产力、人才是第一资源、创新是第一动力，深入实施科教兴国战略、人才强国战略、创新驱动发展战略，开辟发展新领域新赛道，不断塑造发展新动能新优势。"为贯彻党的二十大精神，落实立德树人根本任务，办好人民满意的教育，教育部推进实施"基础教育课程教学改革深化行动"。随着大数据、人工智能、虚拟现实等的发展，广大教育工作者要与时俱进，不断创新，运用新信息技术手段对教学内容、教学手段、教学方法进行改革，不断提升教学质量，培养高素质人才。随着社会经济的快速发展，经管类人才的需求量越来越大，对其能力、素质的要求越来越高。然而，教学活动中普遍存在着的重知识传授、轻能力素质培养，重理论教学、轻实践应用的问题，使能力素质培养成为经管类人才培养的一个巨大瓶颈，使毕业生走上工作岗位后，磨合期长、适应性差，难以迅速进入工作状态和满足用人单位的实际需求。为解决这一问题，强调以实验教学改革为突破口，我们开设了企业行为模拟——ERP沙盘模拟课程，不仅使得经管类专业实践教学活动突破了现有的局限，也为从根本上摆脱复合型、应用型、创新型、创业型经管类人才培养中的困境，开拓了一条新路子。

　　企业行为模拟——ERP沙盘模拟教学以一套沙盘教具为载体，把企业运营所处的内外部环境抽象为一系列的规则，由受训者组成若干个相互竞争的"企业"，模拟"企业"若干年的经营，通过学生参与→沙盘载体→模拟经营→对抗演练→讲师评析→学生感悟等一系列的实验环节，集理论与实践于一体，集角色扮演与岗位体验于一身的设计思想，使受训者在分析市场、制定战略、营销策划、组织生产、财务管理等一系列活动中，参悟科学的管理规律，培养团队精神，全面提升管理能力，同时也对企业资源的管理过程有一个实际的体验。

　　本书结合手工沙盘和电子沙盘软件进行教学。第一章是认识企业行为模拟——ERP沙盘模拟企业经营课程，让读者认识ERP沙盘；第二章是掌握企业的经营管理，让读者应用各种分析法运用ERP沙盘模拟经营；第三章是掌握手工沙盘模拟企业经营规则，让读者将规则应用于模拟企业经营过程中；第四章是体验手工沙盘模拟企业经营，让读者将各种专业课程知识运用于手工沙盘企业经营过程中，学会沟通协调，将手工沙盘企业经营运用于真实企业经营中；第五章是体验创业者沙盘模拟企业经营，让读者利用电子沙盘软件模拟经营企业；第六章是商战沙盘 V5.0 教师端操作说明；第七章是体验商战沙盘 V5.0 学生端模拟企业经营，让读者利用商战电子沙盘软件模拟经营企业。本书可以作为大学生沙盘企业经营的实训教材。本书文字简洁、精练、好读、易记、便于理解，具有较强的实用性。

广州华商学院于 2009 年引进用友 ERP 沙盘模拟教学工具，编者在多年的教学实践中积累了比较丰富的教学经验。为了更好地满足实训课程的需要，编者结合指导学生训练的实际情况，参考了大量相关教材，针对财经类院校学生的特点编写了本书。本书从编写到完善得到了许多专家、专业教师和同事的大力支持与配合。广州华商学院执行校长郭银华教授，广东财经大学华商学院原副校长、会计学院原院长陈美华教授，巴雅尔副教授、罗绍德教授、向子贵教授多次参加本书编撰的讨论和修订会议，提出了许多宝贵的指导意见；马玉珍教授、葛敬东教授、刘良惠教授、吕晓玥老师等对本书的编撰与修改提出许多建设性意见；用友股份有限公司广州分公司培训部为我们提供了企业经营模拟系统的相关资料。在此，编者对大家的大力支持与无私帮助表示衷心的感谢！

由于编者水平所限，书中难免存在不足之处，恳请专家、读者批评指正，我们将在再版修订时不断完善。

编 者

2024 年 1 月

企／业／行／为／模／拟——ERP 沙盘模拟

目　录

第一章
认识企业行为模拟
——ERP 沙盘模拟企业经营课程

- -

学习目标

通过本章的学习，学员应该能够：

（1）了解 ERP 沙盘。

（2）了解企业组织构架。

（3）明确岗位职责。

（4）明确 ERP 沙盘模拟企业经营目标。

（5）明确 ERP 沙盘模拟企业经营内容。

1

一、ERP 沙盘模拟及作用

（一）ERP 沙盘的相关概念

1. ERP

ERP 是英文 "enterprise resource planning"（企业资源计划）的缩写，是指建立在信息技术基础上，以系统化的管理思想，为企业决策层及员工提供决策运行手段的管理平台。ERP 系统集信息技术与先进的管理思想于一身，成为现代企业的运行模式，反映时代对企业合理调配资源、最大化地创造社会财富的要求，成为企业在信息时代生存、发展的基石。ERP 系统是以 ERP 软件为载体，集成现代企业管理理念、管理思想、管理方法与最佳业务实践，为企业采购、生产、库存、销售、财务等业务人员提供的一个统一的经营管理工作平台。

2. 沙盘

所谓沙盘，最初源于军事上的军事指挥盘，各级指挥官在指挥所的某一盘面上指挥军事行动。军事沙盘模拟利用道具推演，发现敌对双方战术上存在的问题，提高指挥员的作战能力。因此，沙盘是将一个现实的、不可能实际演练操作的实体，而又必须从中提前获得相关信息资料，浓缩在一个模拟盘面上，从而满足各方需要的一种工具。

3. ERP 沙盘模拟

ERP 沙盘模拟是一个模拟企业的工具，是针对代表先进的现代企业经营与管理技术——ERP，设计的角色体验的实验平台。模拟沙盘按照制造企业的职能部门划分了职能中心，包括营销与规划中心、生产中心、物流中心和财务中心等。各职能中心涵盖了企业运营的所有关键环节，如战略规划、资金筹集、市场营销、产品研发、生产组织、物资采购、设备投资与改造、财务核算与管理等。

4. ERP 沙盘模拟企业经营实训

ERP 沙盘模拟教学以一套沙盘教具为载体，把企业运营所处的内外部环境抽象为一系列的规则，由受训者组成若干个相互竞争的模拟企业，模拟企业若干年的经营。ERP 沙盘模拟企业经营实训通过受训者参与→沙盘载体→模拟经营→对抗演练→讲师评析→受训者感悟等一系列的实验环节，集理论与实践于一体、集角色扮演与岗位体验于一身的设计思想，使受训者在分析市场、制定战略、营销策划、组织生产、财务管理等一系列活动中，参悟科学的管理规律，培养团队精神，全面提升管理能力；同时，也对企业资源的管理过程有一个实际的体验。

（二）ERP 沙盘模拟企业经营实训的作用

沙盘模拟作为一种体验式的教学方式，是继传统教学及案例教学之后的一种教学创新。借助 ERP 沙盘模拟，教学者可以强化学员的管理知识，提升学员的管理技能，全面提高学员的综合素质。沙盘模拟教学集理论与实践于一体、集角色扮演与岗位体验于一身，可以使学员在参与、体验中完成从知识到技能的转化。

ERP 沙盘模拟作为企业经营管理仿真教学系统还可以用于综合素质训练，使学员各方面的能力得到提升。

1. 树立共赢理念

市场竞争是激烈的，也是不可避免的，但竞争并不意味着你死我活。寻求与合作伙伴之间的双赢、共赢才是企业发展的长久之道。这就要求企业知彼知己，在市场分析、竞争对手分析上做足文章，在竞争中寻求合作，企业才会有无限的发展机遇。

2. 培养全局观念与团队合作意识

通过 ERP 沙盘模拟对抗课程的学习，学员可以深刻体会到团队协作精神的重要性。在企业运营这样一艘大船上，首席执行官是舵手、财务总监保驾护航、营销总监冲锋陷阵……在这里，每一个角色都要以企业总体最优为出发点，各司其职，相互协作，才能赢得竞争，实现目标。

3. 保持诚信

诚信是一个企业立足之本、发展之本。诚信原则在 ERP 沙盘模拟课程中体现为对"游戏规则"的遵守，如市场竞争规则、产能计算规则、生产设备购置以及转产等具体业务的处理。诚信是学员立足社会、发展自我的基本素质。

4. 结合个性，明晰职业定位

每个个体因为拥有不同的个性而存在，这种个性在 ERP 沙盘模拟对抗中会显露无遗。在分组对抗中，有的小组大张旗鼓，有的小组稳扎稳打，有的小组则不知所措。虽然个性特点与胜任角色有一定关联度，但在现实生活中，很多人并不是因为"爱一行"才"干一行"的，更多的情况是需要大家"干一行"就"爱一行"的。

5. 感悟人生

在市场的残酷竞争与企业经营风险面前，是"轻言放弃"还是"坚持到底"，这不仅是一个企业可能面临的问题，更是个体在人生中不断需要抉择的问题，"经营"自己的人生与经营一个企业具有一定的相通性。

6. 实现飞跃

在 ERP 沙盘模拟中，学员经历了一个从理论到实践再到理论的上升过程，把自己亲身经历的宝贵实践经验转化为全面的理论模型。学员借助 ERP 沙盘推演自己的企业经营管理思路，每一次基于现场的案例分析及基于数据分析的企业诊断，都会使学员受益匪浅，达到磨炼商业决策敏感度、提升决策能力以及培养长期规划能力的目的。

二、ERP 沙盘模拟企业组织构架

3

（一）ERP 沙盘模拟企业的组成

ERP 沙盘模拟企业将企业中的几个部门都集中在一个盘面上，具体包括如下几个方面：

1. 战略中心

战略中心的核心任务是战略规划和战略执行，即对未来如何设想及如何组织企业中各类资源实现上述设想。成功的企业一定有着明确的企业战略，包括产品战略、市场战略、竞争战略、资金运用战略等。从最初的战略制定到最后的战略目标达成分析，经过几年的模拟，经历迷茫、挫折、探索，学员将学会用战略的眼光看待企业的业务和经营，保证业务与战略的一致，在未来的工作中更多地获取战略性成功而非机会性成功。

2. 营销策划与销售中心

市场营销就是企业用价值不断来满足客户需求的过程。企业所有的行为、所有的资源，无非是要满足客户的需求。模拟企业几年中的市场竞争对抗，学员将学会如何分析市场、关注竞争对手、把握消费者需求、制定营销战略、定位目标市场，制订并有效实施销售计划，最终达成企业战略目标。营销策划与销售中心主要由营销总监负责，营销总监的主要职责是开拓市场、开发产品以及进行产品的国际标准化组织（ISO）认证等工作。

3. 财务中心

在沙盘模拟过程中，团队成员将掌握资产负债表、利润表的结构；掌握资本流转如何影响损益；解读企业经营的全局；预估长短期资金需求，以最佳方式筹资，控制融资成本，提高资金使用效率；理解现金流对企业经营的影响。财务中心主要由财务总监负责，财务总监的主要职责是做好会计核算，编制各项财务报表并进行分析，做好财务管理工作，编制现金预算与筹资方案。

4. 生产中心

生产中心是制造业的重要部门，所有产品都是从这里生产出来的。生产中心将人力、物资、设备、技术、信息资源等生产要素转化为有形产品或服务，经过投入、转化、产出的过程，是制造业的整个产品成本核算的重要过程。生产中心主要由生产主管负责统筹，生产主管的主要职责包括厂房的购买与租赁、生产设备的改造与投资建设、生产计划的制订和执行、原材料的申购等。

5. 物流中心

物流中心具有对物资进行保管、运输、装卸、包装、仓储等功能，在物资流动中起到了桥梁作用。物流中心包括两个部分：物资的采购管理和库存管理。物流中心由采购主管负责，采购主管的主要职责是根据生产部门的申购单向供应商采购相应的原材料，及时、准确地按照生产部门要求提供原材料给生产部门，同时保持零库存状态。在真实的企业中，物流中心对企业的生产起着重要作用，采购部门要采购到满足生产所需需求量的、质量合格的、价格廉价的、供货及时的物料，存货部门则应该对物料管理进行规划，做好进销存账务，保持零库存管理。

（二）ERP 模拟企业组织构架

任何企业在创建之初，都要有与其企业类型相适应的组织结构。从理论上来说，企业组织结构的形式有很多种，如直线制、职能制、直线职能制、事业部制、超事业部制、矩阵制、多维立体组织等。不同的环境中的企业或同一企业中不同单位的管理者，可以根据实际情况选用其中某种最合适的组织形式。组织结构是保证企业正常运转的基本条件。

在"ERP 沙盘模拟企业经营实训"课程中，我们采用简化的企业组织结构形式，企业组织结构由几个主要角色来代表，包括 CEO（首席执行官）、CFO（财务总监）、营销主管、生产主管、采购主管等。

1. CEO

CEO 负责制定和实施公司总体战略和年度经营计划；建立和健全公司的管理体制与组织结构，从结构、流程、人员、激励机制等方面进行优化管理；主持公司日常经营管理工作，实现公司经营管理和发展目标。CEO 具有决策权，同时也要特别关注每个人是否能胜任其岗位，如不能胜任则要及时调整，以免影响整个企业运营。

CEO 主要完成以下工作：制定发展战略、竞争格局分析、经营指标确定、业务策略制定、全面预算管理、管理团队协同、企业绩效分析、业绩考评管理、管理授权与总结。

2. CFO

在企业中，会计与出纳的职能是分离的，他们有着不同的目标和工作内容。会计主要负责资金的筹集、管理；编制现金预算；核算企业的财务状况和经营成果，并对成本数据进行分析，控制成本费用，提高资金使用率。出纳主要负责日常现金收支管理，登记日记账。企业的每笔资金的流入和流出，都必须经过财务部门。

CFO 主要完成以下工作：日常财务记账和登账、向税务部门报税、提供财务报表、日常现金管理、企业融资策略制定、成本费用控制、资金调度与风险管理、财务制度与风险管理、财务分析与协助决策。在人员较多的条件下，建议增加财务助理或出纳岗位。

3. 营销主管

企业的利润是由销售收入带来的，销售收入的实现使企业得以生存。营销主管制定营销战略、定位目标市场并有效实施销售计划，有选择地投放广告，取得与企业生产能力相适应的客户订单，与生产主管沟通协调，按时交货，并监督货款的回收，进行客户信用关系管理。

营销主管主要完成以下工作：市场调查分析、市场进入策略、品种发展策略、广告宣传策略、制订销售计划、争取订单与谈判、签订合同与过程控制、按时发货、应收款管理、销售绩效分析。

此外，营销主管也可以兼任"间谍"的角色，即了解对手的情况，其中包括对手进入了哪些市场、开发了哪些产品、建设了哪些生产线等。

4. 生产主管

生产主管是企业生产部门的核心人物，对企业的一切生产活动进行管理，并对企业的一切生产活动及产品负最终的责任。生产主管既是生产计划的制订者和决策者，又是生产过程的监控者，对企业具有重大责任。生产主管的主要工作是通过计划、组织、指挥和控制等手段实现企业资源的优化配置，创造最大的经济效益。

生产主管主要完成以下工作：产品研发管理、管理体系认证、固定资产投资、编制生产计划、平衡生产能力、生产车间管理、产品质量保证、成品库存管理、产品外协管理。

在真实的企业里，企业生产过程中需要从人、料、机、安全、质量等方面进行管理。在该模拟实训中，我们虽然无法全部实现以上操作，但我们仍然要掌握主要的技能，即生产计划的制订与执行、产品的生产流程与生产周期、机器设备的改造与投资、厂房的购置、机器设备的折旧、原材料的请购等。

5. 采购主管

采购是企业生产的首要环节。采购主管负责各种原材料采购和安全管理，确保企业生产的正常进行；负责编制并实施采购供应计划，分析各种物资供应渠道及市场供求变化情况，力求从价格上、质量上把好第一道关，为企业生产做好后勤保障；进行供应商管理；进行原材料存货的数据统计与分析。

采购主管主要完成以下工作：编制采购计划、供应商谈判、签订采购合同、监控采购过程、到货验收、仓储管理、采购支付抉择、与财务部协调、与生产部协同。

在模拟企业里，物流中心的首要任务是保证生产正常进行。学员要学会什么是采购合同，当企业与相应的供应商签订相关物料采购供应合同后，是不能变更的。也就是说，采购主管在下达采购订单时，应该严格按照物料请购单进行。学员还要学会采购周期，实现存货管理中零库存和安全库存管理等。

6. 其他角色

在学员较多时，我们可以适当增加财务助理、商业间谍、行政秘书、人事主管等角色，尽可能发挥这些岗位的职责和作用。

三、主要角色的职能定位

在实训中，我们根据角色和沙盘盘面做相应的主要职能定位，如图 1-1 所示。

企业行为模拟——ERP沙盘模拟

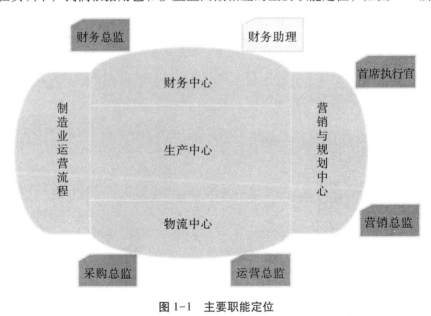

图 1-1　主要职能定位

四、ERP 沙盘模拟实训的目标

通过 ERP 沙盘模拟实训，学员应该达到如下学习目标：

第一，体验制造业企业的完整运营流程。

第二，理解物资流、资金流、信息流的运动过程。

第三，理解经营战略的重要性，包括评估内部资源与外部环境，制定长、中、短期策略，预测市场趋势与调整既定战略。

第四，了解产品研发策略，如新产品开发、产品组合以及何时应做出修改研发计划，甚至中断项目的决定。

第五，了解营销策略，如市场开发决策策略与市场定位决策策略，模拟在市场中短兵相接的竞标过程；打探同行情况，抢占市场；建立并维护市场地位、必要时做退出市场决策。

第六，了解生产运作管理的基本内容，如选择获取生产能力的方式（购买或租赁）；设备更新与生产线改良；全盘生产流程调度决策；匹配市场需求、交货期和数量以及设备产能；库存管理及产销配合；在必要时，选择清偿生产能力的方式。

第七，理解团队合作的重要性，包括如何在立场不同的各部门间沟通协调，怎样培养不同部门人员的共同价值观与经营理念，如何建立以整体利益为导向的组织。

第八，学会财务与金融管理，包括制订投资计划，评估应收账款金额与回收期；预估长、中、短期资金需求，寻求资金来源；掌握资金来源与用途，妥善控制成本；洞悉资金短缺前兆，以最佳方式筹措资金；分析财务报表，掌握报表重点，理解数据含义；运用财务指标进行内部诊断，协助管理决策；以有限的资金扭亏为盈，创造高利润；编制财务报表、结算投资报酬、评估决策效益。

第九，建立基于大数据时代的管理思维。在大数据时代，会计人员需要更多地探寻如何利用大数据资源帮助企业预测或防范风险，并确保绩效和实现价值的持续增长。大数据能够让会计人员进行彻底革新，并有机会在企业中发挥更具战略性和前瞻性的作用。会计人员通过各种技术不断搜集、储存和传递的海量数据会改变会计工作的工作重心，从数据分析和挖掘过程中向企业领导提出预测性的重要趋势走向，并为股东和利益相关方创造新的财富。通过沙盘信息化体验，学员可以体会到大数据时代信息的管理思维模式。

五、ERP沙盘模拟企业经营的主要内容

（一）ERP沙盘模拟教具

ERP沙盘模拟教学以一套ERP沙盘模拟教具（沙盘教具）为载体。沙盘教具主要包括若干张沙盘盘面，分别代表若干个相互竞争的模拟企业；其他配套教具，如货币资金、空桶、原材料、产品生产资格证、市场准入证、ISO（国际标准化组织）资格证、生产设备标识、产品标识等，如图1-2所示。

7

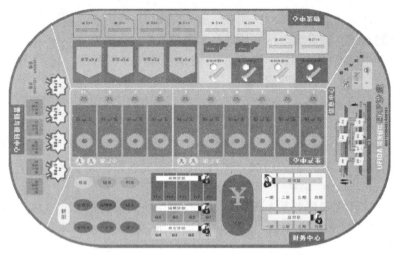
（沙盘盘面）

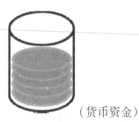
（货币资金）

（空桶）

R1

R2

R3

R4
（原材料）

P1 生产资格

P2 生产资格

P3 生产资格

P4 生产资格
（产品生产资格证）

本地市场准入　区域市场准入　国内市场准入　亚洲市场准入　国际市场准入
（市场准许入证）

IS09000 资格

IS014000 资格
（ISO 资格证）

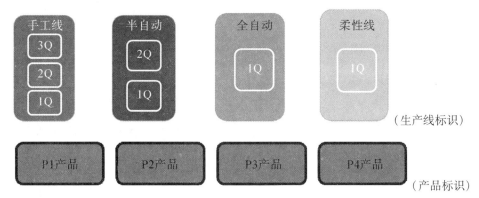

（生产线标识）

（产品标识）

图 1-2　ERP 沙盘教具概览

沙盘盘面按照制造业的企业职能部门划分职能中心，分别是营销与规划中心、物流中心、生产中心、财务中心等。各个职能中心覆盖了企业经营的所有关键环节，包括战略规划、市场营销策略、生产管理、采购管理、存货管理、财务管理等，是整个制造业的缩影。

1. 营销与规划中心

在沙盘盘面上，营销与规划中心主要包括三个模块：市场开拓模块、产品研发模块、ISO 认证模块，如图 1-3 所示。

图 1-3　营销与规划中心

（1）市场开拓模块。该模块确定企业需要开发哪些市场，有本地市场、区域市场、国内市场、亚洲市场、国际市场五个市场。开拓市场需要花费时间和资金投入才能取得相应市场资格准入证，产品才能进入该市场销售。

（2）产品研发模块。该模块确定企业需要研发哪些产品，有 P1、P2、P3、P4四种产品。产品研发需要花费时间和资金投入才能取得相应的产品资格证，产品才能投入生产车间生产。

（3）ISO 认证模块。该模块确定企业需要争取获得哪些国际认证，包括ISO9000 和 ISO14000 质量认证资格证。企业只有投入时间和资金才能取得资格认证，从而取得相应资格的订单。

2. 物流中心

在沙盘盘面上，物流中心主要包括五个模块：原材料订单模块、在途原材料模块、原材料库模块、产成品库模块、产成品订单模块，如图1-4所示。

图1-4　物流中心

（1）原材料订单模块。该模块代表与供应商签订的订货合同，订货数量用空桶表示，放置在相应的原材料订单处。原材料订单按R1、R2、R3、R4四种原材料分别表示。

（2）在途原材料模块。R1、R2两种原材料订购必须提前一个季度，R3、R4两种原材料订购必须提前两个季度，这样就使得R3、R4两种原材料有一个季度处于在途原材料模块。

（3）原材料库模块。该模块分别按照原材料品种列示，用于存放R1、R2、R3、R4四种原材料，每个原材料价值1M（M为模拟货币单位，表示"百万元"）。

（4）产成品库模块。该模块分别按照产品品种列示，用于存放P1、P2、P3、P4四种产成品。

（5）产成品订单模块。该模块分别按照四种产成品品种列示，用于存放企业取得的产成品订单。

3. 生产中心

在沙盘盘面上，生产中心主要由厂房、生产线、产品标识等构成，如图1-5所示。

（1）厂房（土地和建筑）。沙盘盘面设计了大小厂房，大厂房可以安装6条生产线，小厂房可以安装4条生产线。厂房的上方为其价值区，以"$"表示。假如厂房为企业所拥有，将厂房相应的价值（货币）放置在价值区上。

（2）生产线。生产线的种类有手工生产线、半自动生产线、全自动生产线、柔性生产线。不同生产线的生产效率和价值不同，企业拥有哪种生产线就将其价值（货币）放置在相应的生产线净值图标上。

（3）产品标识。企业可以选择研发后生产的产品种类有P1、P2、P3、P4四种产品，生产线正生产哪种产品，就将其产品标识放置在相应的生产线下方图标"标识"上，表示正在生产的产品。

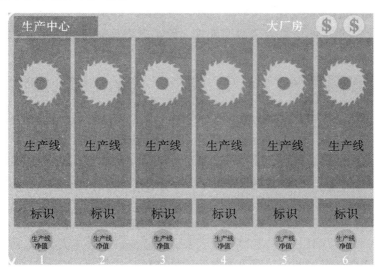

图1-5　生产中心

4. 财务中心

在沙盘盘面上，财务中心涵盖的内容更为广泛，主要浓缩为四大模块：费用模块、贷款模块、现金模块、应收应付账款模块，如图1-6所示。

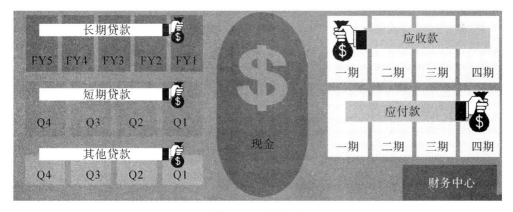

图1-6　财务中心

（1）费用模块。费用模块包括折旧、税费、贴息、利息、维修费、转产费、租金、管理费、广告费和其他（损失）等企业经营期间发生的各项费用。当企业发生上述费用时，财务主管将同等费用金额的资金放置在相应的费用名称处。

（2）贷款模块。贷款模块用于体现企业的贷款情况，主要包括长期贷款、短期贷款和其他贷款（高利贷）。企业贷款的金额是20M的整倍数。企业发生贷款时，按照贷款的规则，将贷款的空桶放置在相应的位置上。长期贷款按照年分期，最长为5年；短期贷款和其他贷款按照季度分期，最长为4期。

（3）现金模块。现金模块用于存放现金，现金用"灰币"表示，每个价值1M。

（4）应收应付账款模块。应收应付账款模块用于列示企业的应收应付款项。其中，应收账款区域按照季度分为四个账期，距离现金库最近的为即将收回的款项。账款金额用放置在相应位置上的装有现金的桶表示。

（二）课程设计

1. 组织准备工作

组织准备工作是ERP沙盘模拟的首要环节。其主要内容包括以下几个方面：

第一，学员分组。每组一般为5~6人，分组后全部学员组成了相互竞争的模拟企业（为了简化起见，可将各个模拟企业依次命名为A组、B组、C组、D组、E组、F组、G组、H组等）。

第二，进行每个角色的职能定位。明确企业组织内每个角色的岗位责任，一般分为CEO、CFO、营销主管、生产主管、采购主管、出纳等主要角色。当人数较多时，可以适当增加销售助理、商业间谍等辅助角色。在几年的经营过程中，角色可以进行互换，从而使学员体验角色转换后考虑问题的出发点的相应变化，也就是让学员学会换位思考。

特别需要提醒的是，在企业经营模拟过程中学员必须严格遵守ERP沙盘模拟规则，按规则操作。

2. 基本情况描述

对企业经营者来说，接手一个企业时，需要对企业有一个基本的了解，包括股东期望、企业目前的财务状况、市场占有率、产品、生产设备、盈利能力等。基本情况描述以企业起始年的两张主要财务报表（资产负债表、利润表）为基础依据，逐项描述企业目前的财务状况和经营成果，并对企业其他相关方面进行补充说明（具体内容详见后面章节）。

第二章
掌握企业的经营管理

学习目标

通过本章的学习，学员应该能够：

（1）熟悉企业经营管理方法的种类。

（2）应用各种分析法分析 ERP 沙盘模拟经营。

（3）深刻领会杜邦分析法。

（4）正确选择市场及做好市场预测分析。

（5）学会利用各种专业知识做好各项管理工作。

在 ERP 沙盘模拟企业经营过程中，初始状态设置完全一样的各组企业，经过几年的经营，就会出现一定的差异，有的企业甚至已经倒闭，为什么会产生不同的结果呢？这是学员在模拟经营过程中甚至模拟经营结束后一直考虑的一个问题。本章将从八个方面对企业的经营管理进行分析。

一、企业战略分析

所谓企业战略分析，其实质在于通过对企业所在行业或企业拟进入行业的分析，明确企业自身地位及应采取的竞争策略，以权衡收益与风险，了解与掌握企业的发展潜力，特别是在企业价值创造或盈利方面的潜力，主要包括行业分析与竞争分析两个方面。对于 ERP 沙盘模拟企业来说，各经营团队都进入相同的行业，因此在 CEO 领导下的团队如何选择竞争策略成为成功的关键，重要的竞争策略主要包括低成本竞争策略和产品差异策略。

两种策略的不同，直接决定了企业产品的毛利空间，而企业毛利空间的不同，直接决定了企业在营销、筹资、市场开发上投入的空间的大小，毛利的概念与本量利分析中的边际贡献概念相近，但并不完全一致。

产品毛利=产品价格-产品直接成本

产品毛利率=产品毛利/产品价格

在 ERP 沙盘模拟企业经营中，各经营团队将面临本地、区域、国内、亚洲、国

13

际 5 种市场环境。在这 5 种市场环境中，有 4 种产品，即 P1、P2、P3、P4 在不同阶段的价格和市场需求量是不同的。因此，企业在制定市场开发战略时，应当结合本企业的产品策略进行考虑。例如，企业重点生产的产品是 P4，如果 P4 产品的需求量主要集中在区域、国内和亚洲市场，国际市场需求很小，那么企业就应当回避国际市场，重点占领区域、国内和亚洲市场。

传统的竞争策略分析认为，低成本竞争策略和产品差异策略是互相排斥的，因此处于两种策略中间的企业是危险的。可以看到，在经营过程中，很多经营团队在经营之初同时申请 ISO9000 和 ISO14000 两项认证，后期却仍然以 P 系列低端产品为主要产品，造成了认证成本及资格维护成本的浪费，影响了企业利润。同时，某些经营团队在低成本策略指导下使得企业经营难以维持，被迫拟实行产品差异策略，但是认证又需要周期，导致企业陷入产品转型的困境。

通过毛利率分析应该清醒地认识到，企业必须及早确定竞争战略，并能根据竞争对手的策略、市场环境的变化进行调整，在 CEO 的带领下将竞争策略渗透到企业的经营过程，各经营团队也可以在经营结束后，回顾对企业战略的把握，分析得失。

任何一个企业都不可避免地会面临竞争的问题。企业要发展，就必须面对竞争。那么，如何面对竞争，制定相应的竞争策略呢？针对 ERP 沙盘模拟企业经营训练课程的实际，这里采用两种方法分析企业的竞争战略。

（一）SWOT 分析

SWOT 分析，又称态势分析法，即分析企业优势（strength）、劣势（weakness）、机会（opportunity）和威胁（threats）。20 世纪 80 年代初，SWOT 分析由美国旧金山大学的管理学教授韦里克提出，经常被用于企业战略制定、竞争对手分析等场合。在现在的战略规则报告里，SWOT 分析实际上是将对企业内外部条件各方面进行综合和概括，进而分析组织的优势与劣势、面临的机会和威胁的一种方法。

1. SOWT 分析介绍

优势与劣势分析主要是着眼于企业自身的实力及其与竞争对手的比较，而机会和威胁分析将注意力放在外部环境的变化及对企业的可能影响上。在分析时，分析者应把所有的内部因素（优势与劣势）集中在一起，然后用外部的力量来对这些因素进行评估。

（1）机会与威胁分析（OT）。随着经济、社会、科技等方面的迅速发展，特别是世界经济全球化、一体化进程的加快以及全球信息网络的建立和消费需求的多样化，企业所处的环境更为开放和动荡。这种变化几乎对所有企业都产生了深刻的影响，正因为如此，环境分析成为一种日益重要的企业职能。

环境发展趋势分为两大类：一类表示环境威胁，另一类表示环境机会。环境威胁指的是环境中一种不利的发展趋势所形成的挑战，如果不采取果断的战略行为，这种不利趋势将导致公司的竞争地位受到削弱。环境机会是指对公司行为富有吸引力的领域，在这一领域中，该公司将拥有竞争优势。

对环境的分析也可以有不同的角度，比如一种比较常见的方法就是波特的五力分析。

（2）优势与劣势分析（SW）。识别环境中有吸引力的机会是一回事，拥有在机会中成功所必需的竞争能力是另一回事。每个企业都要定期检查自己的优势与劣势，这可以通过"企业经营管理检核表"的方式进行。企业或企业外的咨询机构都可以利用这一格式检查企业的营销、财务、制造和组织能力。每一要素都要按照特强、稍强、中等、稍弱或特弱划分等级。

当两个企业处在同一市场或者说两个企业都有能力向同一顾客群体提供产品和服务时，如果其中一个企业有更高的盈利率或盈利潜力，那么我们就认为这个企业比另外一个企业更具有竞争优势。换句话说，所谓竞争优势，是指一个企业超越其竞争对手的能力，这种能力有助于实现企业的主要目标——盈利。但值得注意的是，竞争优势并不一定完全体现在较高的盈利率上，因为有时企业更希望增加市场份额，或者多奖励管理人员及雇员。

竞争优势可以指消费者眼中一个企业或其产品有别于竞争对手的任何优越的东西，这可以是产品线的宽度、产品的大小、质量、可靠性、适用性、风格和形象以及服务的及时、态度的热情等。虽然竞争优势实际上指的是一个企业比其竞争对手有较强的综合优势，但是明确企业究竟在哪一个方面具有优势更有意义。因为只有这样，才可以扬长避短，或者以实击虚。

由于企业是一个整体，并且由于竞争优势来源的广泛性，因此在进行优势与劣势分析时必须从整个价值链的每个环节上，将企业和竞争对手做详细的对比。例如，产品是否新颖、制造工艺是否复杂、销售渠道是否畅通以及价格是否具有竞争力等。如果一个企业在某一个方面或几个方面的优势正是该行业企业应具备的关键成功要素，那么该企业的综合竞争优势也许就强一些。需要指出的是，衡量一个企业及产品是否具有竞争优势，只能站在现有潜在用户角度上，而不是站在企业的角度上。

企业在维持竞争优势的过程中，必须深刻认识自身的资源和能力，采取适当的措施。因为一个企业一旦在某一方面具有了竞争优势，势必会吸引到竞争对手的注意。一般来说，企业经过一段时间的努力，建立某种竞争优势。然后，企业就维持这种部分优势，竞争对手开始逐渐做出反应。之后，如果竞争对手直接进攻企业的优势所在，或者采取其他更为有力的策略，就会使这种优势受到削弱。

（3）影响企业竞争优势持续时间的三个关键因素如下：

①建立这种优势要多长时间？

②能够获得的优势有多大？

③竞争对手做出有力反应需要多长时间？

如果企业分析清楚了这三个因素，就会明确自己在建立和维持竞争优势中的地位了。

显然，企业不应去纠正其所有劣势，也不是对其优势不加以利用。主要的问题是企业应研究究竟是应该只局限于已拥有的优势中，还是去获取和发展一些优势以找到更好的机会。有时企业发展慢并非因为其各部门缺乏优势，而是因为各部门不能很好地协调配合。例如，有一家大型电子公司，工程师们轻视销售员，视其为"不懂技术的工程师"；而推销人员则瞧不起服务部门的人员，视其为"不会做生意的推销员"。因此，评估内部各部门的工作关系被作为一项内部审计工作是非常必要的。

　　波士顿咨询公司提出，能获胜的公司是取得公司内部优势的公司，而不仅仅是只抓住核心能力的公司。每一个公司必须管好某些基本程序，如新产品开发、原材料采购、对订单的销售引导、对客户订单的现金实现、顾客问题的解决时间等。每一道程序都创造价值和需要内部部门协同工作。虽然每一个部门都可以拥有一个核心能力，但如何管理这些优势能力及开发仍是一个挑战。

　　2. 分析步骤

　　（1）确认当前的战略是什么？

　　（2）确认企业外部环境的变化（波特五力分析模型）。

　　（3）根据企业资源组合情况，确定企业的关键能力和关键限制。

　　（4）按照通用矩阵或类似的方式打分评价，把识别出的所有优势分成两组，分组的时候以如下两个原则为基础：它们是与行业中潜在的机会有关，还是与行业中潜在的威胁有关。之后，用同样的办法把所有的劣势分成两组，一组与机会有关，另一组与威胁有关。

　　（5）将结果在 SWOT 分析图上定位。

　　3. 简单规则

　　成功应用 SWOT 分析法的简单规则在于：进行 SWOT 分析的时候必须对企业的优势与劣势有客观的认识；进行 SWOT 分析的时候必须区分企业的现状与前景；进行 SWOT 分析的时候必须考虑全面；进行 SWOT 分析的时候必须与竞争对手进行比较，如优于竞争对手还是劣于竞争对手；保持 SWOT 分析法的简洁化，避免复杂化与过度分析。

　　使用 SWOT 分析法决定了关键问题，也就确定了市场营销的目标。SWOT 分析法可以与波特五力分析模型等工具一起使用。市场营销领域的人之所以热衷于 SWOT 分析法，是因为该方法的易学性与易用性。运用 SWOT 分析法的时候，要将不同的要素列入相关的表格之中，容易操作。

　　4. 局限性

　　和很多其他的战略模型一样，SWOT 分析模型也是由麦肯锡公司提出的，带有时代的局限性。以前的企业可能比较关注成本、质量，现在的企业可能更强调组织流程。SWOT 分析法没有考虑到企业改变现状的主动性，企业可以通过寻找新的资源来创造企业所需要的优势，从而达到过去无法达成的战略目标。

在运用 SWOT 分析法的过程中，分析者或许会碰到一些问题，就是该方法的适应性问题。因为有太多的场合可以运用 SWOT 分析法，所以该方法必须具有适应性。然而这也会导致反常现象的产生。基础 SWOT 分析法所产生的问题可以由高级 SWOT 分析法加以解决。SWOT 分析模型如图 2-1 所示。

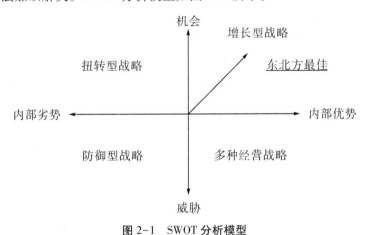

图 2-1　SWOT 分析模型

5. 举例：海尔集团的 SWOT 分析

海尔集团是世界第四大"白色家电"制造商，居中国电子信息百强企业之首。海尔集团旗下拥有 240 多家法人单位，在全球 30 多个国家和地区建立了本土化的设计中心、制造基地和贸易公司，全球员工总数超过 5 万人，重点发展科技、工业、贸易、金融四大支柱产业。2015 年，海尔全球营业额实现 1 887 亿元。下面是有关海尔集团的 SWOT 分析。

（1）优势。海尔集团有 9 种产品在中国市场位居行业之首，3 种产品在世界市场占有率居行业前三位，在智能家居集成、网络家电、数字化以及大规模集成电路、新材料等技术领域处于世界领先水平，在国际市场上彰显出发展实力。创新驱动型的海尔集团致力于向全球消费者提供满足需求的解决方案，实现企业与用户之间的双赢。目前，海尔集团累计申请专利 6 189 项（其中发明专利 819 项），拥有软件著作权 589 项。在自主知识产权基础上，海尔集团还主持或参与了近百项国家标准的制定与修订工作，其中海尔热水器防电墙技术、海尔洗衣机双动力技术还被纳入国际电工委员会（IEC）国际标准提案，这证明了海尔集团的创新能力已达世界级水平。

在创新实践中，海尔集团探索实施的"OEC"管理模式、"市场链管理"以及"人单合一"发展模式均引起国际管理界高度关注，已有美国哈佛大学、美国南加州大学、瑞士 IBM 国际管理学院、法国欧洲管理学院、日本神户大学等商学院专门对此进行案例研究。海尔集团的"市场链管理"还被纳入欧盟案例库。海尔集团的"人单合一"发展模式为解决全球商业的库存和逾期应收账款提供了创新思维，被国际管理界誉为"号准全球商业脉搏"的管理模式。

海尔集团的优势还包括企业文化的长期熏陶、员工素质的相对提高、多年规范化管理打下相当好的基础等。相对于国外企业，海尔集团的信息化具有强劲的后发优势。在全球互联网的大范围普及和国际化大企业信息化的全面扩张局势下，海尔集团在借鉴国外企业成功经验的基础上，当然更容易取得成绩。

（2）劣势。海尔集团的劣势是在品牌传播和公关技巧方面仍有欠缺。海尔集团公关技巧方面存在欠缺的很大一部分原因在于海尔集团在聘任机制上存在一定的问题，只注重对技术知识的考查，忽略了对个人能力的考察。海尔集团在近几年发展很快，信息化进行得如火如荼，内部的信息化还好说，外部的信息化，尤其是与国内供应商、分销商的电子数据交换，却一直处于两难境界，采购和分销成本的降低仍然难以彻底实现。海尔集团的愿望是好的，即希望其供应商和分销商的信息化水平都能够跟上海尔集团的步伐，但实际情况却是大相径庭，海尔集团最终有些孤掌难鸣。

（3）机会。海尔集团之所以能取得很大的成就，很大一部分原因在于海尔集团企业文化。海尔集团在未来的时间里要想取得长足的发展，必须继续以海尔集团的企业文化为基准，同时要注重科技创新，实现企业信息化。伴随着国际化的趋势越来越强，海尔集团面临着巨大的机遇和挑战。海尔集团的发展机会在于要把握住时代脉搏，与时俱进，不断创新。海尔集团未来的发展方向主要依靠三个转移：一是内部组织结构的转移；二是国内市场转向国际市场，不只是产品出口，还要去海外建厂、办公司；三是要从制造业转向服务业，主导前端设计、后端服务。在这种情况下，海尔集团应抓住机会，迎接挑战，创世界名牌。

（4）威胁。目前，海尔集团仍然面临着很多威胁。伴随着新兴家电企业的不断兴起及技术的不断完善，海尔集团必须不断地提高科学技术创新水平，进而提高自己的优势。此外，海尔集团应该向多产业方向发展，以提高自身的竞争力。面对海尔集团的信息化，国内同行大都是一边看海尔集团外部信息化的热闹，一边加紧自身内部信息化的推进。这就是海尔集团面临的威胁，即竞争对手虎视眈眈。

（5）总结。任何一个企业在发展过程中，总会面临着这样或者那样的问题。海尔集团要防微杜渐，面对新的全球化竞争条件，实施全球化品牌战略，发扬"创造资源、美誉全球"的企业精神和"人单合一，速战速决"的工作作风，挑战自我，挑战明天，为创出中国人自己的世界名牌而持续创新。

（二）波特五力分析模型

波特五力分析模型是迈克尔·波特（Michael Porter）于20世纪80年代初提出的，其对企业战略制定产生了全球性的深远影响，可以有效地分析客户的竞争环境。"五力"包括供应商的讨价还价能力、购买者的讨价还价能力、潜在竞争者进入的能力、替代品的替代能力、行业内竞争者现在的竞争能力。五种力量的不同组合变化，最终影响行业利润潜在的变化。波特五力分析模型将大量不同的因素汇集在一个简便的模型中，以此分析一个行业的基本竞争态势（如图 2-2 所示）。一种可行性战略的提出，首先应该确认并评价这五种力量，不同力量的特性和重要性因行业和企业的不同而不同。

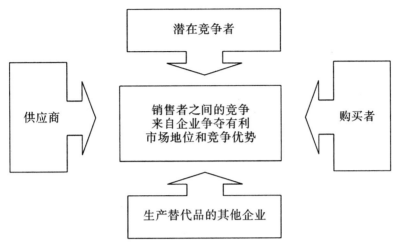

图 2-2　波特五力分析模型

1. 供应商的讨价还价能力

供方（供应商）主要通过提高投入要素价格与降低单位价值质量的能力，来影响行业中现有企业的盈利能力与产品竞争力。供方力量主要取决于其提供给需方的是什么样的投入要素，当供方提供的投入要素的价值构成了需方产品总成本的较高比例、对需方产品生产过程非常重要或者严重影响需方产品的质量时，供方对于需方的潜在讨价还价能力就大大增强。一般来说，满足如下条件的供方会具有比较强大的讨价还价能力：

（1）供方行业为一些具有比较稳固市场地位而不受市场激烈竞争困扰的企业所控制，其产品的需方很多，以至于单个需方都不可能成为供方的重要客户。

（2）供方各企业的产品均具有一定特色，以至于需方难以转换或转换成本太高，或者很难找到可以与供方产品相竞争的替代品。

（3）供方能够方便地实行前向联合或一体化，而需方难以进行后向联合或一体化。

2. 购买者的讨价还价能力

购买者主要通过压价及要求提供较高质量的产品或服务的能力，来影响行业中现有企业的盈利水平。一般来说，满足如下条件的购买者可能具有较强的讨价还价的能力：

（1）购买者的总数较少，而每个购买者的购买量较大，占了卖方销售量的很大比例。

（2）卖方行业由大量相对来说规模较小的企业组成。

（3）购买者所购买的基本上是一种标准化产品，同时向多个卖方购买产品，在经济上也完全可行。

（4）购买者有能力实现后向一体化，而卖方难以实现前向一体化。

3. 潜在竞争者进入的能力

潜在进入者在给行业带来新的生产能力与新资源的同时，希望在已被现有企业瓜分完毕的市场中赢得一席之地，这就有可能会与现有企业发生原材料与市场份额的竞争，最终导致行业中现有企业盈利水平降低，甚至还有可能危及现有企业的生存。竞争性进入威胁的严重程度取决于两方面的因素，即进入新领域的障碍大小与预期现有企业对进入者的反映情况。

进入新领域的障碍主要包括规模经济、产品差异、资本需求、转换成本、销售渠道开拓、政府行为与政策（如国家综合平衡统一建设的石化企业）、不受规模控制的成本劣势（如商业秘密、产供销关系、学习与经验曲线效应等）、自然资源（如冶金业对矿产的拥有权）、地理环境（如造船厂只能建在海滨城市）等方面，其中有些障碍是很难借助复制或仿造的方式来突破的。预期现有企业对进入者的反应情况主要是指现有企业对进入者采取报复行动的可能性，这取决于有关厂商的财力情况、报复记录、固定资产规模、行业增长速度等。总之，企业进入一个行业的可能性大小，取决于进入者主观估计进入该行业所能带来的潜在利益、所需花费的代价与所要承担的风险这三者的相对大小情况。

4. 替代品的替代能力

两个处于同行业或不同行业中的企业，可能会由于所生产的产品互为替代品，从而在两者之间产生相互竞争行为。这种源自替代品的竞争会以各种形式影响行业中现有企业的竞争战略。第一，现有企业产品售价与获利潜力的提高，将由于存在着能被用户方便接受的替代品而受到限制。第二，由于替代品生产者的侵入，使得现有企业必须提高产品质量，或者通过降低成本来降低售价，或者使其产品具有特色，否则其销量与利润增长的目标就有可能受挫。第三，源自替代品生产者的竞争强度受产品消费者转换成本高低的影响。总之，替代品价格越低，质量越好，用户转换成本越低，其所能产生的竞争压力就强；而这种来自替代品生产的竞争压力的强度，可以具体通过考察替代品销售增长率、替代品厂家生产能力与盈利扩张情况来加以描述。

5. 行业内竞争者现在的竞争能力

大部分行业中的企业相互之间的利益都是紧密联系在一起的。作为企业整体战略一部分的各企业竞争战略，其目标都在于使本企业获得相对于竞争对手的优势。因此，在竞争战略实施中就必然会产生冲突与对抗现象，这些冲突与对抗就构成了现有企业之间的竞争。现有企业之间的竞争常常表现在价格、广告、产品介绍、售后服务等方面，其竞争强度与许多因素有关。

一般来说，出现下述情况将意味着行业中现有企业之间竞争的加剧：行业进入障碍较低，竞争对手较多，竞争参与者范围广泛；市场趋于成熟，产品需求增长缓慢；竞争者企图采用降价等手段促销；竞争者提供几乎相同的产品或服务，用户转换成本很低；一个战略行动如果取得成功，其收入相当可观；行业外部实力强大的公司在接收了行业中实力薄弱的企业后，发起进攻性行为，结果使得刚被接收的企业成为市场的主要竞争者；行业退出障碍较高，即退出竞争要比继续参与竞争代价更高。在这里，退出障碍主要受经济、战略、感情以及社会政治关系等方面的影响，具体包括资产的专用性、退出的固定费用、战略上的相互牵制、情绪上的难以接受、政府和社会的各种限制等。

　　行业中的每一个企业，或多或少都必须应对以上各种力量构成的威胁，而且企业必须面对行业中的每一个竞争者的举动。除非认为正面交锋有必要，而且有益处（如得到很大的市场份额），否则企业可以通过设置进入壁垒，包括差异化和转换成本来保护自己。当一个企业确定了其优势和劣势时（参见 SWOT 分析），企业必须进行定位，以便因势利导，而不是被预料到的环境因素变化（如产品生命周期、行业增长速度等）所损害，然后保护自身并做好准备，以有效地对其他企业的举动做出反应。

　　根据上面对于五种竞争力量的讨论，企业可以采用尽可能地将自身的经营与竞争力量隔绝开来、努力从自身利益需要出发、影响行业竞争规则、占领有利的市场地位后发起进攻性竞争行为等手段来对付这五种竞争力量，以增强自身的市场地位与竞争实力。

　　6. 通过波特五力分析模型寻找优质公司

　　（1）潜在的市场进入者。进入的威胁取决于市场中进入壁垒存在的程度。进入壁垒是那些想成功进行竞争的新进入者所必须克服的障碍。进入壁垒通常会延缓潜在的市场进入者进入市场的时机，但不会构成永久的障碍。另外，进入壁垒可能会阻止很多潜在的进入者，但不是全部。进入壁垒通常包括规模经济、资金限制、分销渠道要求、立法或政府行为以及差异化等。例如，我国相对垄断市场的政策性进入壁垒就相当高，如电信、石油以及银行等行业的进入都有严格的政策限制。

　　（2）替代品。几乎任何产品都有自己的替代产品，只不过替代的程度不同而已，这些替代品也最大限度地保证着任何垄断行业都不可能把产品的价格无限扩大。例如，牛肉和羊肉互相替代，并且替代的相关性（替代程度）比较大；猪肉和牛肉也是替代产品，但替代程度不如牛肉和羊肉；粮食和牛肉也是替代产品，但替代的相关性更弱；煤炭与石油也是高度替代品。这些替代品的存在也限制着这些垄断产品价格的提升。在替代品中，起初最需要注意的是新技术和新产品的产生对原有需求的替代，这有可能使原有需求基本绝迹。例如，数码相机的产生使胶片相机的市场需求几乎消失。

　　（3）购买者和供应商。替代品和进入者的威胁是横向的竞争，而购买者和供应商的力量则是纵向的竞争，或者说是同一个产业链上的竞争。如果购买者实力比较强大时，则产品的供应商相应的讨价还价能力较弱；反之，如果供应商的实力比较强大时，则产品的需求者相应的讨价还价能力较弱。如果一个企业上游的供应商和下游的购买者讨价还价的能力都较弱的时候，该企业则活得比较滋润。例如，有实力的大超市、家电卖场，由于其拥有众多的消费者，因此对上游的厂商提出进店费、店庆费等种种不合理的要求，而由于其消费者又属于分散的个体，基本上没有讨价还价的能力，因此它们相对上游的供应商和下游的购买者比较强势。当然这种极端的情况比较少见，更多的是处于一种均衡状态。

（4）竞争对手。影响同业竞争的主要因素包括竞争对手之间的力量均衡程度、市场增长的速度、行业中的固定成本、差异化程度以及退出壁垒状况等。

分析者通过波特五力分析模型，能挑选出在这五种因素中具有较大优势的竞争企业。当然，波特五力分析模型也是动态分析的模型，今天在各因素占尽优势的公司，未来不一定也占尽优势；当前处于劣势的公司，将来不一定永远处于劣势。

7. 波特五力分析模型的缺陷

实际上，关于波特五力分析模型的实践运用一直存在许多争论。目前较为一致的看法是该模型更多的是一种理论思考工具，而非可以实际操作的战略工具。该模型的理论是建立在以下三个假定基础之上的：

（1）制定战略者可以了解整个行业的信息。显然，这在现实中难以做到。

（2）同行业之间只有竞争关系，没有合作关系。现实中，企业之间存在多种合作关系，不一定是你死我活的竞争关系。

（3）行业的规模是固定的，因此只有通过夺取对手的份额来赚取更多的资源和更大的市场。现实中，企业之间往往不是通过吃掉对手，而是与对手共同做大行业的蛋糕来获取更多的资源和更大的市场，同时市场可以通过不断地开发和创新来扩大。

因此，要将波特五力分析模型有效地用于实践操作，以上在现实中并不存在的三个假设条件就会使操作者要么束手无策，要么头绪万千。

波特五力分析模型的意义在于五种竞争力量的抗衡中蕴含着三类成功的战略思想，即总成本领先战略、差异化战略、专一化战略。

二、广告投入产出比分析

广告投入产出分析是评价广告投入效率的指标。其计算公式为：

广告投入产出比＝订单销售额/广告投入

例如，广告登记单如表2-1所示。

表 2-1 广告登记单

第 4 年——A 组（本地）					
产品	广告	订单总额	数量	9K	14K
P1					
P2				1	
P3	2	23	3		
P4					

第 4 年——B 组（本地）					
产品	广告	订单总额	数量	9K	14K
P1					
P2					
P3	5	32+17	4+2		
P4					

第 4 年——C 组（本地）					
产品	广告	订单总额	数量	9K	14K
P1					
P2				1	
P3	1	18	2		
P4					

可以看出，A、B、C 三组的广告投入产出比分别计算如下：

A 组广告投入产出比 = 23/（2+1）= 7.67

B 组广告投入产出比 =（32+17）/（5+1）= 8.17

C 组广告投入产出比 = 18/（1+1）= 9

广告投入产出比用来比较各企业在广告投入上的差异。这个指标告诉经营者本公司与竞争对手之间的广告投入策略上的差距，以警示营销主管深入分析市场和竞争对手，寻求节约成本、以策略取胜的突破口。该比率越大，说明企业的广告投入效率越高。

三、市场占有率分析

　　市场占有率分析是根据各方面的资料，计算出本企业某种产品的市场销售量占该市场同种商品总销售量的份额，以了解市场需求及本企业所处的市场地位。

　　市场占有率是指在一定的时期内，企业所生产的产品在市场上的销售量或销售额占同类产品销售量或销售额的比重。其计算公式为：

　　市场占有率＝企业所生产的产品在市场上的销售量（额）/该产品在市场上的需求总量（额）

　　市场占有率分析是企业战略环境分析的一个非常重要的因素。市场占有率一般有上限、中限和下限。

　　不同市场占有率的战略意义如下：如果企业的市场占有率达到上限的74%，不论其他企业的实力如何，本企业都处于绝对的安全范围之内。达到该目标的企业一般不会争夺这个范围以外的市场，因为剩下的市场中的顾客一般是其他企业的忠实顾客，通常难以争取到他们。如果企业的市场占有率达到42%，即市场占有率的中限，那么本企业就可以从竞争中脱颖而出并处于优势地位。因此，该值表示企业处于相对安全的状态而且处于业界的领先者地位。如果企业的市场占有率达到26%，则说明本企业有从势均力敌的竞争中脱颖而出的可能性。市场占有率在26%以下的企业则很容易受到攻击。如果一家企业与另一家企业在局部区域内进行一对一的竞争，只要一家企业的市场占有率是对手的3倍，那么对手就很难对该企业形成威胁。如果竞争发生在一个较大的区域内，有3家以上的企业一同竞争，只要一家企业的市场占有率是其余企业的1.7倍，那么这家企业就处于绝对安全的地位。

（一）市场占有率分析的内容

　　（1）企业产品销售市场的地域分布情况。我们可以将企业的销售市场类型划分为地区型、全国型和世界范围型。销售市场的地域范围能大致判断一个企业的经营能力和实力。

　　（2）企业产品在同类产品市场上的占有率。企业的市场占有率是利润之源。

（二）市场占有率分析的指标

1. 全部市场占有率

　　全部市场占有率以企业的销售额占全行业销售额的百分比来表示。进行全部市场占有率分析必须做两项决策：第一，要以单位销售量或以销售额来表示市场占有率；第二，正确认定行业的范围，即明确本行业所应包括的产品、市场等。

2. 目标市场占有率

　　目标市场占有率以其销售额占企业服务市场的百分比来表示。所谓目标市场，就是企业产品最适合的市场和企业市场营销努力所及的市场。企业可能有近100%的目标市场占有率，但只有相对较小的全部市场占有率。

3. 相对市场占有率（相对于3个最大竞争者）

相对市场占有率以企业销售额对最大的3个竞争者的销售额总和的百分比来表示。例如，某企业有30%的市场占有率，其最大的3个竞争者的市场占有率分别为20%、10%、10%，则该企业的相对市场占有率是75%［30%/（20%＋10%＋10%）］。一般情况下，企业的相对市场占有率高于33%，即被认为是强势的。

（三）市场占有率分析的目的

通常，企业的销售绩效并未反映出相对于其竞争企业的经营状况如何。如果企业销售额增加了，可能是由于企业所处的整个经济环境的发展，也可能是因为企业的市场营销工作较其竞争者有所改善。市场占有率正是剔除了一般的环境影响来考察企业本身的经营工作状况。如果企业的市场占有率升高，表明企业较其竞争者的情况更好；如果企业的市场占有率下降，则说明相对于竞争者企业绩效较差。市场占有率分析的目的在于以下几个方面：

（1）通过对市场占有率的严格定义，为决策者提供可供比较的市场占有率。

（2）通过对市场占有率的构成因素分析，找到市场占有率上升或下降的具体原因，并为企业改进其营销系统提供明确建议。

（四）如何进行市场占有率分析

了解企业市场占有率之后，尚需正确解释市场占有率变动的原因。

企业可以从产品大类、顾客类型、地区及其他方面来考察市场占有率的变动情况。一种有效的分析方法是从顾客渗透率（Cp）、顾客忠诚度（Ci）、顾客选择性（Cs）、价格选择性（Ps）这4种因素分析。

所谓顾客渗透率，是指从本企业购买某产品的顾客占该产品所有顾客的百分比。

所谓顾客忠诚度，是指顾客从本企业所购产品与其所购同种产品的百分比。

所谓顾客选择性，是指顾客选择本企业产品占所有满足其需要的同类产品的百分比。

所谓价格选择性，是指本企业平均价格与所有其他企业平均价格的百分比。

全部市场占有率（Tms）就可以表述为 $Tms = Cp \times Ci \times Cs \times Ps$。

假设某企业在一段时期内市场占有率有所下降，则上述方程为我们提供了以下4个可能的原因：

（1）企业失去了某些顾客（较低的顾客渗透率）。

（2）现在顾客从本企业所购产品数量在其全部购买中所占比重下降（较低的顾客忠诚度）。

（3）企业现有顾客规模较小（较低的顾客选择性）。

（4）企业的价格相对于竞争者产品价格显得过于脆弱，不堪一击（较低的价格选择性）。

经过调查原因，企业可以确定市场占有率改变的主要原因。

假设在期初，顾客渗透率是60%，顾客忠诚度是50%，顾客选择性是80%，价格选择性是125%。根据Tms计算公式，企业的市场占有率是30%。

假设在期末，企业的市场占有率降为27%，在检查市场占有率要素时，发现顾客渗透率为55%，顾客忠诚度为50%，顾客选择性为75%，价格选择性为130%。很明显，市场占有率下降的主要原因是失去了一些顾客（顾客渗透率下降），而这些顾客一般都有高于平均的购买量（顾客选择性下降）。这样，企业决策者就可以集中力量对症下药了。

市场占有率直接决定企业销售收入额，在产能允许的情况下，该比率越高，说明产品销售情况越好。在企业供、产、销各个环节中，销售具有特殊的意义，只有实现了销售，才能顺利收回资金，完成一个完整的资金循环。ERP沙盘模拟经营过程中，市场占有率高的经营团队可以在下一年度中使用较低的营销成本，实现高额的销售收入。

四、企业经营管理效率分析

分析企业的经营管理效率是判定企业能否因此创造更多利润的一种手段。如果企业的经营管理效率不高，那么企业的高利润状态是难以持久的。这里介绍几个财务指标的综合搭配分析的方法，可以帮助投资者更好地了解企业的经营管理现状，为投资者的各项投资决策奠定基础。

（一）从长期负债、流动负债、销售收入的变化分析企业的经营管理效率

长期负债是企业负债经营情况的反映。如果长期负债增加，说明企业的负债经营风险提高，那么考查企业的经营效益就越发重要。如果企业在长期负债增长的同时，销售收入也增长，那么说明企业的举债经营正确，企业的财务状况发展良好；反之，销售收入降低，则说明企业的财务状况形势趋于严峻。

长期负债的变化也要同流动负债的增减变化结合起来分析。长期负债增加，流动负债减少，说明企业的生产经营资金有长期保证，是扩大经营规模的好机会。在这种情况下，如果企业的销售收入增长，说明企业确实抓住了机会，经营有方。如果销售收入没有增长，那么有两种可能的情况：一是企业通过增加在建工程来进行结构性调整，这时要着重分析在建工程的详细状况和预期效益；二是企业有可能通过恶化企业的资金结构，用降低企业独立性与稳定性的办法，暂时回避短期资金的紧张。

长期负债、流动负债、销售收入都在增长时，要看各个指标增长的速度。如果销售收入的增长幅度大于长期负债和流动负债的增长幅度，说明企业在所有者权益变化不大的情况下，进入了自我发展的良性循环。如果销售收入的增长幅度小于长期负债和流动负债的增长，则说明企业的经营规模的扩大并没有伴随着经济效益的提高。

长期负债、流动负债、销售收入都在下降时，销售收入的下降幅度更大，说明企业在衰退，必须进行方向性战略调整才有可能摆脱困境。如果销售收入的下降慢于流动负债和长期负债的下降，则表明企业在缩小经营规模的同时，努力提高经济效益，企业处于调整时期。

流动负债减少、长期负债减少、销售收入在增长，说明企业的经营管理有效，企业在缩减负债的同时，扩大了市场销售，经济效益明显提高，这是企业的一种最理想的情况。

（二）从流动资产率（流动资产/总资产）的增长幅度与营业利润的增长幅度比较看企业的经营管理效率

流动资产率增长，营业利润也有所增长，说明企业正在发挥现有潜力，经营状况有所好转；反之，营业利润降低，则说明企业的产品销售不畅，经营形势有恶化的趋势。

流动资产率降低，但营业利润有所增加，表明企业加速了资金周转，创造出了更多的利润；反之，营业利润降低，则说明企业的原有生产结构过时，经营不善，企业的财务状况有可能恶化。但要注意，如果在建工程或投资的增加幅度超过80%，也有可能是企业在损失当前利益的同时，寻求一种长远利益，企业正处于生产和建设并举时期，那么投资者可以谨慎对待，关注其长期投资价值。

五、成本分析

成本分析应当从静态与动态两个方面入手，静态上分析各项费用占销售收入的比重，动态上通过成本所占比重的发展趋势提示企业经营过程中的问题。企业成本由多项费用构成，分析者应了解各费用在总成本中所占的比重，分析成本结构，从比例较高的那些费用支出入手，分析其发生的原因，提出控制费用的有效方法。

$$费用比例＝费用/销售收入$$

企业经营是持续性的活动，由于资源的消耗和补充是缓慢进行的，因此从单一时点很难评价一个企业经营的好坏。例如，广告费用所占销售的比例，单以某一时点来评价，一定失之偏颇，但在同一时点上，可以将企业进行横向比较，评价该企业在同类企业中的优势与劣势。

六、财务分析

（一）流动比率

流动比率是指流动资产总额和流动负债总额之比。流动比率是衡量企业流动资产中在短期债务到期时变现用于偿还流动负债的能力的指标。

（二）速动比率

速动比率是指速动资产对流动负债的比率。速动比率是衡量企业流动资产中可以立即变现用于偿还流动负债的能力的指标。速动资产包括货币资金、短期投资、应收票据、应收账款、其他应收款项等流动资产，而存货、预付账款等则不应计入速动资产。

$$速动比率 = (流动资产 - 存货 - 预付账款) / 流动负债总额 \times 100\%$$

（三）存货周转率

存货周转率是衡量和评价企业购入存货、投入生产、销售收回等各环节管理状况的综合性指标。存货周转率是销货成本被平均存货所除而得到的比率，又称为存货的周转次数，用时间表示的存货周转率就是存货周转天数。

$$存货周转次数 = 销货成本 / 平均存货余额$$
$$存货周转天数 = 360 / 存货周转次数$$

存货周转率指标的好坏反映企业存货管理水平的高低，影响到企业的短期偿债能力，是整个企业管理的一项重要内容。一般来讲，存货周转速度越快，存货的占用水平越低，流动性越强，存货转换为现金或应收账款的速度越快。因此，提高存货周转率可以提高企业的变现能力。

在流动资产中，存货所占比重较大，存货的流动性将直接影响企业的流动比率，因此必须特别重视对存货的分析。存货流动性的分析一般通过存货周转率来进行。

（四）应收账款周转率

应收账款周转率是销售收入除以平均应收账款的比值，反映企业从取得应收账款的权利到收回款项、转换为现金所需要时间的长度。

$$应收账款周转率 = 主营业务收入净额 / 平均应收账款余额$$
$$主营业务收入净额 = 主营业务收入 - 销售折扣与折让$$
$$平均应收账款余额 = (应收账款余额年初数 + 应收账款余额年末数) / 2$$

一般情况下，应收账款周转率越高越好。应收账款周转率越高，表明收账迅速，账龄较短；资产流动性较强，短期偿债能力较强；可以减少收账费用和坏账损失。

（五）流动资产周转率

流动资产周转率是指一定时期内流动资产平均占用额完成产品销售额的周转次数，反映流动资产周转速度和流动资产利用效果。

$$流动资产周转率=\frac{当年累计产品销售收入额×12/月份数}{流动资产平均占用额}$$

（六）总资产周转率

总资产周转率是综合评价企业全部资产经营质量和利用效率的重要指标。总资产周转率越大，说明总资产周转越快，反映销售能力越强。企业可以通过薄利多销的办法，加速总资产的周转，带来利润绝对额的增加。

$$总资产周转率=销售收入总额/资产平均总额×100\%$$

（七）资产负债率

资产负债率反映在总资产中有多大比例是通过借债来筹资的，也可以衡量企业在清算时保护债权人利益的程度。

资产负债率是负债总额除以资产总额的百分比，也就是负债总额与资产总额的比例关系。

（八）销售净利率

销售净利率是指企业实现净利润与销售收入的对比关系，用以衡量企业在一定时期的销售收入获利的能力。销售净利率是净利润占销售收入的百分比。该指标反映每一元销售收入带来的净利润的多少，表示销售收入的收益水平。

销售净利率与净利润呈正比例关系，与销售收入呈反比例关系，企业在增加销售收入的同时，必须相应地获得更多的净利润，才能使销售净利率保持不变或有所提高。通过分析销售净利率的升降变动，可以促使企业在扩大销售的同时，注意改进经营管理，提高盈利水平。销售净利率能够分解成为销售毛利率、销售税金率、销售成本率、销售期间费用率等。

$$销售净利率=净利润/销售收入×100\%$$

七、杜邦分析

杜邦分析法（the Dupont System）是一种比较实用的财务比率分析法。这种分析方法是由美国杜邦公司的经理创造出来的，故称为杜邦分析法。这种财务分析方法从评价企业绩效最具综合性和代表性的指标——权益净利率出发，层层分解至企业最基本生产要素的使用、成本与费用的构成和企业风险，从而满足通过财务分析进行绩效评价的需要，在经营目标发生异动时经营者能及时查明原因并加以修正，同时为投资者、债权人以及政府评价企业提供依据。

（一）杜邦分析法和杜邦分析图

杜邦分析模型最显著的特点是将若干用以评价企业经营效率和财务状况的比率按其内在联系有机地结合起来，形成一个完整的指标体系，并最终通过权益利润率来综合反映。采用这一方法，可以使财务比率分析的层次更清晰、条理更突出，为报表分析者全面仔细地了解企业的经营和盈利状况提供方便。

杜邦分析法有助于企业管理层更加清晰地看到权益利润率的决定因素以及销售净利润率与总资产周转率、债务比率之间的相互关系，给管理层提供了一张明晰的考察企业资产管理效率和是否最大化股东投资回报的路线图。

杜邦分析法是利用各个主要财务比率之间的内在联系，建立财务比率分析的综合模型，来综合地分析、评价企业财务状况和经营业绩的方法。采用杜邦分析法，将有关分析指标按内在联系加以排列，从而可以直观地反映出企业的财务状况和经营成果的总体面貌。

杜邦分析法体系如图 2-3 所示。

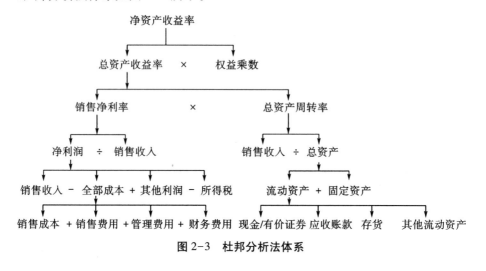

图 2-3　杜邦分析法体系

（二）对杜邦分析图的分析

1. 杜邦分析图中各财务指标之间的关系

可以看出，杜邦分析法实际上从两个角度来开展分析：一是进行了内部管理因素分析，二是进行了资本结构和风险分析。相关计算公式如下：

净资产收益率（权益净利率）＝总资产收益率（资产净利率）×权益乘数

权益乘数＝1/（1-资产负债率）

$$资产净利率=销售净利率×总资产周转率$$
$$销售净利率=净利润/销售收入$$
$$总资产周转率=销售收入/总资产$$
$$资产负债率=负债总额/总资产$$

2. 杜邦分析图提供了主要财务指标关系的信息

（1）权益净利率是一个综合性最强的财务比率，是杜邦分析系统的核心。权益净利率反映所有者投入资本的获利能力，同时反映企业筹资、投资、资产运营等活动的效率。决定权益净利率高低的因素有三个——权益乘数、销售净利率和总资产周转率。权益乘数、销售净利率和总资产周转率三个指标分别反映了企业的负债能力、盈利能力比率和资产管理比率。

（2）权益乘数主要受资产负债率影响。负债比率越大，权益乘数越高，说明企业有较高的负债程度，给企业带来较多的杠杆利益，同时也给企业带来了较多的风险。

（3）资产净利率是一个重要的财务比率，综合性较强。资产净利率是销售净利率和总资产周转率的乘积，因此要进一步从销售成果和资产营运两个方面来分析。

销售净利率反映了企业利润总额与销售收入的关系，从这个意义上看，提高销售净利率是提高企业盈利能力的关键所在。要想提高销售净利率，一是要增加销售收入，二是要降低成本费用。而降低各项成本费用开支是企业财务管理中的一项重要内容。通过对各项成本费用开支的分析，有利于企业进行成本费用的结构分析，加强成本控制，以便为寻求降低成本费用的途径提供依据。

企业资产的营运能力，既关系到企业的获利能力，又关系到企业的偿债能力。一般而言，流动资产直接体现企业的偿债能力和变现能力；非流动资产体现企业的经营规模和发展潜力。两者之间应有一个合理的结构比率，如果企业持有的现金超过业务需求，就可能影响企业的获利能力；如果企业占用过多的存货和应收账款，则既要影响获利能力，又要影响偿债能力，为此就要进一步分析各项资产的占用数额和周转速度。对流动资产应重点分析存货是否有积压现象、货币资金是否闲置、应收账款中分析客户的付款能力和有无坏账的可能；对非流动资产应重点分析企业固定资产是否得到充分利用。

（三）利用杜邦分析法进行实例分析

杜邦分析法可以解释指标变动的原因和变动趋势，为采取措施指明方向。下面一家上市公司北汽福田公司（600166，简称福田公司）为例，说明杜邦分析法的运用。

福田汽车基本财务数据如表2-2所示，财务比率如表2-3所示。

表 2-2　福田汽车基本财务数据（2001—2002 年）　　　单位：万元

年度	净利润	销售收入	资产总额	负债总额	全部成本
2001	10 284.04	411 224.01	306 222.94	205 677.07	403 967.43
2002	12 653.92	757 613.81	330 580.21	215 659.54	736 747.24

表 2-3　财务比率（2001—2002 年）

项目	年度	
	2001	2002
权益净利率	0.104	0.109
权益乘数	3.049	2.874
资产负债率	0.672	0.652
资产净利率	0.034	0.038
销售净利率	0.025	0.017
总资产周转率	1.34	2.29

1. 对权益净利率的分析

权益净利率指标是衡量企业利用资产获取利润能力的指标。权益净利率充分考虑了筹资方式对企业获利能力的影响，因此其反映的获利能力是企业的经营能力、财务决策和筹资方式等多种因素综合作用的结果。

福田公司的权益净利率在 2001—2002 年出现了一定程度的好转，从 2001 年的 0.104 增加至 2002 年的 0.109。企业的投资者在很大程度上依据这个指标来判断是否投资或是否转让股份，考察经营者业绩和决定股利分配政策，这些指标对企业的管理者也至关重要。

企业的经理们为改善财务决策而进行财务分析，他们可以将权益净利率分解为权益乘数和资产净利率，从而找到问题产生的原因。权益净利率分析如表 2-4 所示。

表 2-4　权益净利率分析

年度	权益净利率	权益乘数	资产净利率
2001 年	0.104	3.049	0.034
2002 年	0.109	2.874	0.038

通过分析可以明显地看出，福田公司权益净利率的变动在于资本结构（权益乘数）的变动和资产利用效果（资产净利率）变动两方面共同作用的结果。而福田公司的资产净利率过低，显示出较差的资产利用效果。

2. 分析分解过程

权益净利率＝资产净利率×权益乘数

2001 年权益净利率 0.104＝0.034×3.049

2002 年权益净利率 0.109＝0.038×2.874

分析表明，权益净利率的改变是由于资本结构的改变（权益乘数下降），同时资产利用和成本控制出现变动（资产净利率也有改变）。继续对资产净利率进行分解。

资产净利率＝销售净利率×总资产周转率

2001 年资产净利率 0.034＝0.025×1.34

2002 年资产净利率 0.038＝0.017×2.29

通过分解可以看出，2002 年的总资产周转率有所提高，说明资产的利用得到了比较好的控制，显示出比 2001 年较好的效果，表明福田公司利用其总资产产生销售收入的效率在增加。总资产周转率提高的同时，销售净利率的减少阻碍了资产净利率的增加，接着对销售净利率进行分解。

销售净利率＝净利润/销售收入

2001 年销售净利率 0.025＝10 284.04/411 224.01

2002 年销售净利率 0.017＝12 653.92/757 613.81

福田公司 2002 年大幅度提高了销售收入，但是净利润的提高幅度却很小，分析其原因，主要是成本费用增多。从表 2-2 可知，全部成本从 2001 年的 403 967.43 万元增加到 2002 年 736 747.24 万元，与销售收入的增加幅度大致相当。之后，对全部成本进行的分解。

全部成本＝制造成本+销售费用+管理费用+财务费用（本例具体分析略）

通过以上分析可以看出，杜邦分析法有效地解释了指标变动的原因和趋势，为采取应对措施指明了方向。

在本例中，导致权益净利率小的主要原因是全部成本过大。也正是因为全部成本的大幅度提高，导致了净利润提高幅度不大，而销售收入大幅度增加，就引起了销售净利率的降低，显示出该公司销售盈利能力的降低。资产净利率的提高应当归功于总资产周转率的提高，销售净利率的降低却起到了阻碍的作用。

福田公司下降的权益乘数，说明其资本结构在 2001—2002 年发生了变动，2002 年的权益乘数较 2001 年有所下降。权益乘数越小，企业负债程度越低，偿还债务能力越强，财务风险程度越低。这个指标同时也反映了财务杠杆对利润水平的影响。财务杠杆具有正反两方面的作用。在收益较好的年度，它可以使股东获得的潜在报酬增加，但股东要承担因负债增加而引起的风险；在收益不佳的年度，它有可能使股东潜在的报酬下降。福田公司的权益乘数为 2~5，也即负债率为 50%~80%，属于激进战略型企业。管理者应该准确把握企业所处的环境，准确预测利润，合理控制负债带来的风险。

33

因此，福田公司最为重要的就是要努力减少各项成本，在控制成本方面下力气；同时，要保持较高的总资产周转率。这样，可以使销售利润率得到提高，进而使资产净利率有大幅度提高。

（四）结论

综上所述，杜邦分析法以权益净利率为主线，将企业在某一时期的销售成果及资产营运状况全部联系在一起，层层分解，逐步深入，构成一个完整的分析体系。杜邦分析法能较好地帮助管理者发现企业财务和经营管理中存在的问题，能够为改善企业经营管理提供十分有价值的信息，因而得到普遍的认同，并在实际工作中得到广泛的应用。

杜邦分析法是众多财务分析方法当中的一种，作为一种综合分析方法，并不排斥其他财务分析方法。相反，与其他分析方法结合，不仅可以弥补杜邦分析法的缺陷和不足，而且可以弥补其他方法的不足，使得分析结果更完整、更科学。例如，以杜邦分析法为基础，结合专项分析，进行一些后续分析，对有关问题进行更深入、更细致的分析；可以结合比较分析法和趋势分析法，将不同时期的杜邦分析结果进行对比，从而形成动态分析，找出财务变化的规律，为决策提供依据；可以与一些企业财务风险分析方法结合，进行必要的风险分析，为管理者提供依据。这种结合实质也是杜邦分析法自身发展的需要，分析者在应用时应注意这一点。

八、目标市场预测与选择

一个成功的企业战略来源于对市场的正确分析。企业在制定长远规划之前一定要认真细分市场、选择目标市场以及进行市场定位，同时准确判断市场发展趋势，做出正确的市场预测。

（一）市场细分

所谓市场细分，就是企业通过市场调查、分析，根据消费者需求的差异性，把整体市场划分为若干具有某种相似特征的顾客群（称为亚市场或子市场），以便选择确定本企业的目标市场的工作过程。

1. 市场细分的依据

市场细分的客观依据主要包括以下几个方面：

（1）市场需求的差异性及由此决定的购买者动机和行为的差异性。

（2）市场需求的相似性。

（3）企业营销能力的限制。

（4）企业发掘市场机会的需要。

2. 市场细分的标准

市场细分是建立在市场需求基础之上的，因此形成消费者市场需求差异性的因素，就可以作为消费者市场细分的标准。

（1）地理环境因素。处在不同地理位置的消费者，其对企业的产品各有不同的需要和偏好，他们对企业所采取的市场营销战略，对企业的产品、价格、分销、促销等市场营销措施也各有不同的反应。

（2）人口统计因素。进行人口细分时所依据的人口变量主要有以下几种：年龄与生命周期阶段、家庭人口与家庭生命周期、性别、收入、职业与受教育程度。

（3）消费心理因素。消费心理因素包括生活态度、个性、购买动机。

（4）行为因素。行为因素包括购买时机、消费者追求的利益、使用者情况、使用率、忠诚度、态度。

3. 市场有效细分的条件

市场有效细分的条件主要包括差异性、可衡量性、可进入性、效益性、稳定性。

（二）选择目标市场

市场细分的目的是实现目标市场销售。所谓目标市场，是指通过市场细分，被企业选定的，计划以相应的产品和服务去满足其现实的或潜在的消费需求的那一个或几个细分市场。

1. 评估细分市场

评估细分市场主要包括评估以下几个方面：

（1）市场规模和发展潜力。

（2）市场的吸引力。

（3）企业的资源和目标。

2. 选择目标市场战略

（1）目标市场范围选择。

①产品-市场集中化。这是指企业集中力量只生产或经营某一种产品，供应某一类市场。

②产品专业化。这是指企业选择几个细分市场，对其顾客群同时供应某种产品。

③市场专业化。这是指企业以所有产品，供应给某一类顾客群，产品的性能有所区别。

④选择性专业化。这是指企业有选择地专门服务于几个不同的子市场的顾客群体，提供各种性能的、生命力较强的同类产品，尽力满足不同的消费者群体的各种需求。

⑤全方位进入。这是指企业为所有顾客群供应其需要的各种产品。实力强大的企业为了占据市场领先地位常采用这种模式。

（2）目标市场战略。

①无差异性市场营销。这是指企业面对整个市场，只提供一种产品，采用一套市场营销方案，试图满足整体市场的某种共同需要。

②差异性市场营销。这是指企业在市场细分的基础上，选择两个或两个以上的细分市场作为目标市场，针对不同的细分市场推出不同的产品，采用不同的营销组合方案。

③集中性市场营销。这是指企业选择一个或少数几个子市场作为目标市场，制订一套营销方案，集中力量为其服务，力图在这些目标市场上占有很大份额。

（三）市场定位

市场定位就是确定企业产品在目标市场（目标顾客）中的形象，使企业所提供的产品具有一定的特色，适应一定顾客的需要和偏好，并与竞争者的产品有所区别。市场定位采取的策略主要有以下几种：

（1）先入为主策略，即率先在市场上推出独有品牌，鲜明地突出该品牌"第一说法、第一事件、第一位置"的形象。

（2）填空补缺策略，即寻找新的尚未被占领，但为许多消费者所重视的位置，即填补市场上的空位。

（3）针锋相对策略，即把产品定位于与竞争者相似的位置上，同竞争者争夺同一细分市场。

（4）另辟蹊径策略，即当企业认为自己没有能力与竞争者相抗衡，难以在市场上占有一席之地，获得绝对优势时，可以根据自己的条件取得相对优势。

（四）市场需求预测分析

市场预测就是在市场调查的基础上，利用一定的方法或技术，测算未来一定时期内市场供求趋势和影响市场营销因素的变化，从而为企业的营销决策提供科学的依据。市场预测的内容包括市场需求预测、市场供给预测、市场价格与竞争形势预测等，而对企业来说，最主要的是市场需求预测。市场预测最常用的一些方法如下：

1. 定性预测方法

定性预测是依靠预测者的知识、经验和对各种资料的综合分析，来预测市场未来的变化趋势。

（1）定性预测方法的依据如下：

①局部类推总体。

②从时间顺序上类推。

（2）定性预测的方法主要有以下几种：

①购买者意向调查法。

②销售人员综合意见法。

③专家意见法。

2. 定量预测方法

常用的定量预测方法有以下几种：

（1）简单平均法，即计算预测目标实际值在各个时期的平均数，将其作为下期预测值。

（2）加权平均法，即根据不同时期的实际值对预测值影响程度的差异，分别给予不同的权数。

（3）平滑预测法。对于市场营销的短期预测，可以使用指数平滑的时间序列预测法。

（4）一元回归预测法。该方法是分析一个自变量与因变量之间的关系，利用一元回归方程进行预测的方法。

在 ERP 沙盘模拟训练中，每个组都是在同一个行业中生产 P 系列的产品。为了公开起见，本教材给出了手工沙盘和创业者电子沙盘中 P 系列产品在未来发展的市场预测图。市场预测是各组能够得到的关于产品市场需要预测的唯一可以参考的有价值的信息。市场预测图中发布了未来几年关于行业产品市场的预测资料，包括各市场及各产品的总需求量、价格情况、客户关于技术及产品的质量要求等。因此，各组学员应该认真钻研市场预测图，根据本组的实际情况及组员的理解力、分析力做出不同分析结果。

第三章
掌握手工沙盘模拟企业经营规则

学习目标

通过本章的学习，学员应该能够：

(1) 熟记手工沙盘经营规则。

(2) 深刻理解沙盘各模块的关键监控点。

(3) 熟练掌握各自岗位职责区域的操作规则。

(4) 履行岗位职责。

一、市场划分与市场准入

手工沙盘模拟经营时，企业已经拥有一定的市场，新的市场等待企业开拓。主要的市场包括本地市场、区域市场、国内市场、亚洲市场、国际市场五个市场。如表 3-1 所示，不同的市场投入的费用及时间不同，市场投入全部完成后持全部投资换取市场准入证，之后方可在该市场接单。

表 3-1　各市场情况

管理体系	ISO9000	ISO14000	市场	区域	国内	亚洲	国际
建立时间	≥2 年	≥3 年	完成时间	≥1 年	≥2 年	≥3 年	≥4 年
所需投资	1M/年	1M/年	投资规则	1M/年	1M/年	1M/年	1M/年

（一）市场开发

市场开发投资按照年度支付，各市场可以同时开发，但每个市场每年最多投资为 1M，不能加速投资，资金短缺时可以随时中断。学员每次投放的货币放置在相应的市场准入模块上，并在"ISO 和市场开发记录表"上记录投资的市场费用，市场开发完成后持开发费用与"ISO 和市场开发记录表"到指导教师处登记，领用市场准入证之后才允许进入该市场竞单，年末计入综合费用——新市场开拓。

（二）ISO 认证

两项 ISO 认证投资可以同时进行或延期，但每项每年最多投资为 1M，不能加速投资，资金短缺时可以随时中断。学员每次投放的货币放置在相应的 ISO 资格模块上，并在"ISO 和市场开发记录表"上记录投资的 ISO 资格费用，ISO 投资完成后持投资费用与"ISO 和市场开发记录表"到指导教师处登记，换取相应 ISO 资格证。ISO 认证投资的费用计入当年综合费用——ISO 资格认证。

二、销售会议与订单争取

（一）销售会议

每年年初各企业的营销主管与客户见面并参加销售会议，根据市场地位、产品广告投入、市场广告投入、市场需求以及竞争态势，按顺序选择订单。

每年年初召开客户订货会，各企业派销售主管参加，根据各企业预先提交的营销方案、当年的市场需求状况、同行竞争态势，分市场、分产品，按既定规则领取订单。

（二）市场地位

市场地位是针对每个市场而言的。企业的市场地位根据上一年度各企业的销售额排列，销售额最高的企业被称为该市场的市场领导者。

（三）广告投放

广告是分市场、分产品投放的，投入 1M 有一次选取订单的机会，如果不投放产品广告则没有选单机会，以后每多投放 2M 增加一次选单机会。但能否选到订单还取决于市场需求、同行的竞争情况等。在广告投放单中按市场、产品决定投放广告费用。9K 和 14K 分别是指 ISO9000 和 ISO14000，如果企业希望获得标有"ISO9000"或"ISO14000"的订单，必须在相应的栏目中投入 1M 且需要 1M 的广告费。该投入对该市场的所有产品有效。

（四）客户订单

客户的订单以卡片的形式表示。卡片上标注了市场、产品、产品数量、单价、订单价值总额、账期、特殊要求等。

（1）订单上的账期代表企业销货时资金的回笼的时间。若为 0 账期，表示现销，客户支付企业现金货款；若为 3 账期，表示客户付给企业的是 3 个季度到期的应收账款。

（2）如果订单上标注了"ISO9000"或"ISO14000"，则要求生产单位必须取得相应的认证并投放了认证的广告费。只有这两个条件都具备，才能接此订单。如果订单上有"加急"字样，表示此订单为加急订单，必须在第一季度交货；其余订单为普通订单，在当年内的任何一个季度交货。如果不能按时交货，取消该订单，并扣违约金（违约金为该订单销售额的25%，向下取整）；如果是市场领导者没有按期交货，其市场地位下降一级，则本年该市场没有市场领导者，其他企业根据该市场的销售额大小，重新排列该市场的销售额名次。

（五）订单争取

每年年初订货会召开时，企业通过投放广告费用，按照市场、产品填写广告登记单，获取客户的订单。客户订单是按照市场、产品发放。首先，发放本地市场的订单，按照P1、P2、P3、P4产品顺序发放。在本地市场的P1产品的订单中，有资格选单的企业只能选择一张订单，当本地市场P1订单按照选单顺序选择完毕后还有剩余订单时，还有选单机会的企业可以按照选单顺序继续选单。选择订单时，企业也可以放弃选择订单的权利。其次，发放区域市场的订单，也按P1、P2、P3、P4产品顺序发放，以此类推。对于已经结束选单的市场或产品，同一年份中，不允许再进行选单。企业的选单顺序如下：

第一，由上一年在该市场的所有产品订单价值决定市场领导者（销售额最高），并由其最先选择订单。例如，如果某企业为区域市场的市场领导者，则该企业拥有区域市场P1、P2、P3、P4订单的优先选择权，即第一个选择P1、P2、P3、P4产品的第一张订单。

第二，按某市场、某产品的广告投入量的多少，依次选择订单。

第三，如果在同一市场、同一产品投入的广告费相同时，按照投入本市场的广告总额（包括ISO资格证投放的广告费），排定选单顺序。

如果该市场广告投入总量也一样时，按照上一年在该市场各产品订单总额的排名次序，排定选单顺序。

如果以上情况仍不能确定选单顺序时，由双方协商或抽签决定。

说明：市场领导者想要获得选单机会，至少要投入1M的广告费。

各个市场的产品数量是有限的，并非只要投放广告就一定能拿到订单，能做好市场预测，做好商业间谍工作的企业占有一定优势。

以第四年本地市场P2产品为例，首先将广告费填写在广告登记单中每个市场的相应产品栏内。表3-2就是A、B、C三组在第四年本地市场的广告投入情况。如果要取得ISO的订单，首先要进行ISO认证，要在广告登记单上的ISO位置填写1M的广告费。

表 3-2　广告登记单

A 组				B 组				C 组			
第四年本地				第四年本地				第四年本地			
产品	广告	9K	14K	产品	广告	9K	14K	产品	广告	9K	14K
P1		1		P1				P1		1	
P2	2			P2	5			P2	1		
P3				P3				P3			
P4				P4				P4			

订单发放情况如图 3-1 所示。

放单（1）

第四年　本地市场　LP2-1/4
产品数量：2P2
产品单价：6.5M/个
总金额：13M
账期：4Q

放单（2）

第四年　本地市场　LP2-2/4
产品数量：4P2
产品单价：6M/个
总金额：24M
账期：2Q

ISO9000

放单（3）

第四年　本地市场　LP2-3/4
产品数量：2P2
产品单价：7M/个
总金额：14M
账期：1Q

ISO1400

放单（4）

第四年　本地市场　LP2-4/4
产品数量：3P2
产品单价：5.9M/个
总金额：18M
账期：4Q

图 3-1　订单发放情况

第一轮，首先由 B 组选单，B 组选择第二张（销售额为 24M）订单；然后由 A 组选单，A 组选择第四张（销售额为 18M）订单；接下来是 C 组选单，C 组选择第三张（销售额为 14M）订单，并将订单登记在销售订单登记表。

第二轮，B 组选择第一张（销售额为 13M）订单，并将订单登记在销售订单登记表。

如果，C 组选择了第一张（销售额为 13M）订单，那么 B 组就失去了第二次选单的机会。因为 B 组没有打 14K 的广告，没有资格选择带有 ISO14000 的订单，也就是第三张（销售额为 17M）订单。

三、厂房购买、租赁与出租

企业在每年年底决定是否购买、租赁与出售厂房。企业购买厂房后，将购买款放置在厂房价值处，厂房不提折旧；企业租赁厂房于每年年末支付租金，将支付租金费用放置在综合费用区的租金模块处；企业出售厂房可以在运营的每个季度规定的时间进行，出售厂房的收入计入应收款4个季度的账期，不是马上可以变成可使用的现金。厂房的购买、租赁与出售操作，如图3-2和表3-3所示。

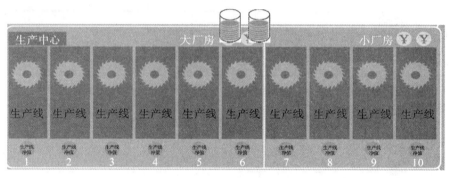

图3-2　厂房的购买、租赁与出售

表3-3　厂房的购买、租赁与出售

厂房	买价	卖价	租金	生产线容量
大厂房	40M	40M（4Q）	5M/年	6条生产线
小厂房	30M	30M（4Q）	3M/年	4条生产线

四、生产线购买、转产、维护与出售

所有生产线都能生产所有产品，需要支付的加工费相同，1M/产品，生产线购买、转产、维护与出售操作如图3-3和表3-4所示。

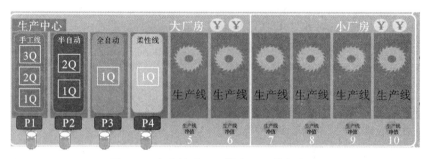

图3-3　生产线购买、转产、维护与出售

表 3-4　生产线购买、转产、维护与出售

生产线	购买价格	安装周期	维护费用	残值	生产周期	转产周期	转产费用	P1加工费	P2加工费	P3加工费	P4加工费
手工线	5M	无	1M/年	1M	3Q	无	无	1M	1M	1M	1M
半自动	10M	2Q	1M/年	2M	2Q	1Q	1M	1M	1M	1M	1M
全自动	15M	3Q	1M/年	3M	1Q	2Q	2M	1M	1M	1M	1M
柔性线	20M	4Q	1M/年	4M	1Q	无	无	1M	1M	1M	1M

（一）生产线购买

购买不需要安装周期的生产线只有手工线，一次性投资 5M，当季度即可领用产品标识生产产品；购买需要安装周期的生产线有半自动线、全自动线、柔性线。投资生产线时购买需要安装的生产线按照周期平均支付，全部投资到位后下个季度领取产品标识，组织生产。购买需要安装周期的生产线不允许一次性投资购买，资金不足可以暂停投资，资金到位继续投资。

（二）生产线转产

现有生产线转产生产新产品时可能需要一定转产周期并支付一定转产费用，最后一笔转产费支付到期一个季度后方可更换产品标识。

手工线无需转产费和转产周期，只要生产线上没有在制品，可以即刻更换产品标识生产其他产品；半自动线需要一个季度时间转产，并支付 1M 转产费，将转产费放置于综合费用模块中的转产费模块，下个季度才可以更换产品标识生产其他产品；全自动线需要两个季度时间转产，支付 2M/季度转产费，将转产费放置于综合费用模块中的转产费模块，如果是第一季度开始转产则第三季度才可以更换产品标识生产其他产品。

（三）生产线维护

当年在建的生产线和当年出售的生产线不用交维护费，在用的或者停产的生产线需要支付 1M 的维护费。

（四）生产线出售

出售生产线时，如果生产线净值小于残值，净值转换为现金；如果生产线净值大于残值，将相当于残值的部分转换为现金，将差额部分作为费用，差额部分放置于综合费用模块中的"其他"。

例如，全自动线的残值为 3M，若当前 A 生产线净值为 5M，B 生产线净值为

43

2M，则出售生产线后获得的现金分别为：

A 生产线：获得 3M，2M 转到综合费用——其他。

B 生产线：获得 2M，没有损失。

（五）生产线折旧

每年生产线的折旧按照平均年限法计提折旧，如表 3-5 所示。

表 3-5　计提折旧　　　　　　　　　　单位：M

生产线	原值	残值	第一年	第二年	第三年	第四年	第五年
手工线	5	1	0	1	1	1	1
半自动	10	2	0	2	2	2	2
全自动	15	3	0	3	3	3	3
柔性线	20	4	0	4	4	4	4

上述生产线使用寿命均为 5 年，新建当年不用计提折旧，从第二年开始计提折旧，提足折旧不再计提，剩余残值不再计提。使用寿命终了，可以报废生产线。

五、产成品研发、产成品成本构成部分、产成品生产

新产品研发、投资可以同时进行，按研发周期平均支付研发费用。资金短缺时，企业可以随时中断或终止投资。全部投资完成后企业获得资格证，下一周期方可开始生产。当年的研发投资计入当年综合费用，研发投资完成后持全部投资金额换取产品生产资格证。拿到产品生产资格证才能生产相应的产品，但不影响参加相应产品的订货会。产品研发如图 3-4 所示。

图 3-4　产品研发

产品研发完成后，即可投入生产。生产不同的产品需要不同的原料。具体的产品构成与成本如表 3-6 所示。

表 3-6 产品构成与成本

名称	加工费	产品组成	直接成本	研发周期	研发费用	总研发费用
P1	1M	R1	2M	已有资格证		
P2	1M	R1+R2	3M	2 季度	1M/季度	2M
P3	1M	2R2+R3	4M	3 季度	1M/季度	3M
P4	1M	R2+2R3+R4	5M	4 季度	1M/季度	4M

R1 红色币、R2 橙色币、R3 蓝色币、R4 绿色币均为原材料，每个价值均为 1M。所有生产线都能生产上述产品，所需支付的加工费相同，均为 1M 产品，用灰币代表。每条生产线同时只能有一个产品在线生产，开始生产时按产品结构要求将原材料放在生产线上并支付 1M 加工费开始生产。上线生产必须有原料，否则必须停工待料。

六、原材料采购与产品生产

原材料采购涉及两个环节，即签订采购合同和按合同收料。签订采购合同时，要注意采购提前期，R1、R2 需要提前一期下订单，R3、R4 需要提前两期下订单，到期方可取料。订单下早了会造成原材料积压，占用资金；延迟下订单会造成停工待料，影响生产效率。空桶表示原材料订货，将其放在沙盘盘面相应的原材料订单上，订货时不付款。货物到达时，企业必须照单接收，即按合同收料并支付原材料费。原料采购的操作如图 3-5 所示。

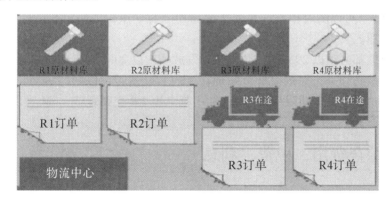

图 3-5 原料采购的操作

产品开始生产时企业按照产品结构要求将原料放在生产线上并支付加工费，各条生产线生产产品的加工费均为 1M。各生产线不能同时生产两种产品。

七、融资贷款与资金贴现

融资是企业进行一系列经济活动的前提和基础。融资按目的不同，可分为长期融资和短期融资。长期融资主要用于构建固定资产和满足长期流动资金占用的需要，短期融资主要用于满足企业临时性流动资金需要而进行的融资活动。企业具体的融资方式如图3-6所示。

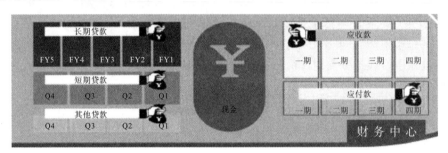

图3-6　融资方式

长期贷款在每年年初只贷1次。长期贷款最长期限为5年，长期贷款每年必须支付利息，到期还本付息。长期贷款年利率为10%。

短期贷款每年可贷4次，分别在每季度初期发生。短期贷款期限为1年，不足1年的按1年计息，到期还本付息。短期贷款年利率为5%。

本年长期贷款和短期贷款之和的最大额度＝上年所有者权益×3-（已贷长期贷款+已贷短期贷款）

"高利贷"可以随时申请，高利贷使用期限为1年，到期还本付息，发放额度应与银行协商。

所有贷款都必须以20M的倍数申请，发放贷款以20M为基本贷款单位。若提前使用应收账款必须进行贴现，资金贴现在有应收账款时可以随时进行，金额是7M的倍数，不论应收账款期限长短，每7M中都拿出1M交贴现费，6M为现金。

八、综合费用、税费、利息

（一）综合费用

企业的行政管理费（每个季度花费1M）、市场开拓、产品研发、ISO认证、广告、生产线转产、设备维修、厂房租金等费用计入综合费用。

（二）税费

如果企业未盈利（净利润为负），则企业免纳税金。

如果企业经营盈利，需要按国家规定上缴税金，每年所得税计入应付税金，在下一年年初缴纳。所得税按照弥补以前亏损后的余额为基数计算，再按照盈利的25%向下取整提取税金。

当上年所有者权益小于或等于股东资本时：

税金=（上年所有者权益+本年税前利润−股东资本）×25%

当上年所有者权益大于股东资本时：

税金=本年税前利润×25%（向下取整）

（三）利息

企业发生的利息、贴息等费用在利润表中单列为财务支出，不计入综合费用。

九、破产规则

连续两年所有者权益及净利润都为负数者，视为破产。破产后企业仍可以继续经营，但必须严格按照产能争取订单；破产企业的组队不能参加最后的成绩排名。

十、市场预测

（一）10 组市场预测情况

图 3-7 至图 3-11 显示了 10 组市场预测情况。

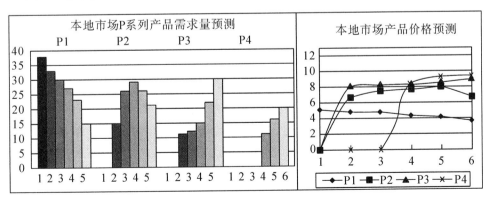

图 3-7　本地市场 P 系列产品需求量、价格预测

本地市场将会持续发展，对低端产品的需求可能要下滑。伴随着需求的减少，低端产品的价格很有可能走低。后几年，随着高端产品的成熟，市场对P3、P4产品的需求将会逐渐增大。由于客户质量意识的不断增强，后几年市场可能对产品的ISO9000和ISO14000认证有更多的需求。

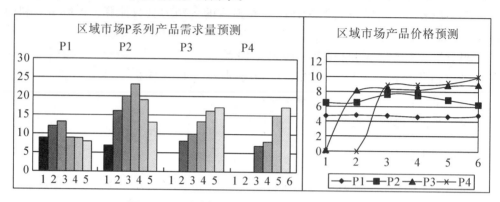

图 3-8 区域市场 P 系列产品需求量、价格预测

区域市场的客户相对稳定，对 P 系列产品需求的变化很有可能比较平稳。因为紧邻本地市场，所以产品需求量的走势可能与本地市场相似，价格趋势也应大致一样。该市场容量有限，对高端产品的需求也可能相对较小，但客户会对产品的ISO9000 认证和 ISO14000 认证有较高的要求。

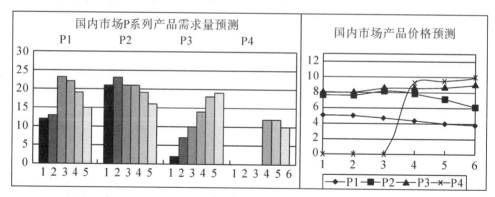

图 3-9 国内市场 P 系列产品需求量、价格预测

因 P1 产品带有较浓的地域色彩，估计国内市场对 P1 产品不会有持久的需求。但 P2 产品更适合于国内市场，估计需求会一直比较平稳。随着对 P 系列产品的逐渐认同，估计国内市场对 P3 产品的需求会发展较快。但国内市场对 P4 产品的需求就不一定像 P3 产品那样旺盛了。当然，对高价值的产品来说，客户一定会更注重产品的质量认证。

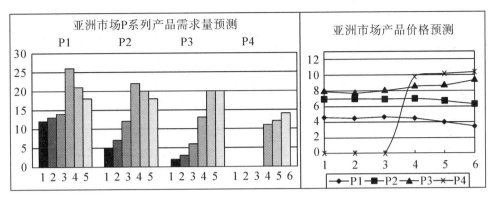

图 3-10 亚洲市场 P 系列产品需求量、价格预测

亚洲市场一向波动较大，因此对 P1 产品的需求可能起伏较大，估计对 P2 产品的需求走势与 P1 产品相似。但亚洲市场对新产品很敏感，因此估计对 P3、P4 产品的需求量会发展较快，价格也可能不菲。另外，这个市场的消费者很看重产品质量，因此没有通过 ISO9000 和 ISO14000 认证的产品可能很难销售。

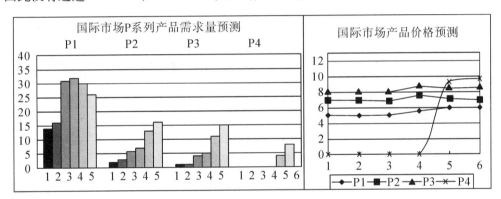

图 3-11 国际市场 P 系列产品需求量、价格预测

P 系列产品进入国际市场可能需要一个较长的时期。有迹象表明，国际市场对 P1 产品已经有所认同，但还需要一段时间才能接受。同样，国际市场对 P2、P3 和 P4 产品也会很谨慎地接受，需求发展较慢。当然，国际市场的客户也会关注具有 ISO 认证的产品。

（二）12 组市场预测情况

图 3-12 至图 3-16 显示了 12 组市场预测情况。

49

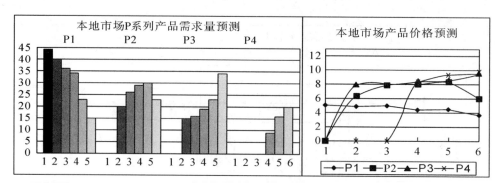

图 3-12 本地市场 P 系列产品需求量、价格预测

本地市场将会持续发展，对低端产品的需求可能要下滑，伴随着需求的减少，低端产品的价格很有可能走低。后几年，随着高端产品的成熟，本地市场对 P3、P4 产品的需求将会逐渐增大。由于客户质量意识的不断增强，后几年市场可能对产品的 ISO9000 和 ISO14000 认证有更多的需求。

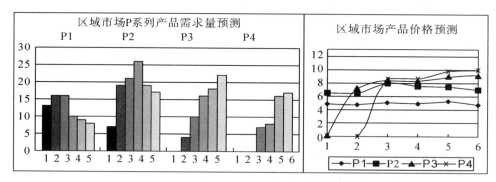

图 3-13 区域市场 P 系列产品需求量、价格预测

区域市场的客户相对稳定，对 P 系列产品需求的变化很有可能比较平稳。因为紧邻本地市场，所以产品需求量的走势可能与本地市场相似，价格趋势也应大致一样。该市场容量有限，对高端产品的需求也可能相对较小，但客户会对产品的 ISO9000 和 ISO14000 认证有较高的要求。

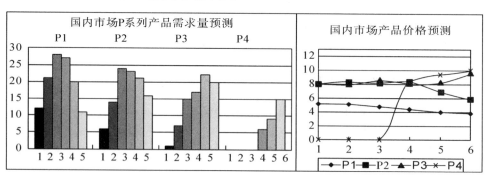

图 3-14 国内市场 P 系列产品需求量、价格预测

　　P1 产品带有较浓的地域色彩，估计国内市场对 P1 产品不会有持久的需求。P2 产品因为更适合于国内市场，所以估计需求会一直比较平稳。随着消费者对 P 系列产品的逐渐认同，估计市场对 P3 产品的需求会发展较快。但市场对 P4 产品的需求就不一定像 P3 产品那样旺盛了。当然，对高价值的产品来说，客户一定会更注重产品的质量认证。

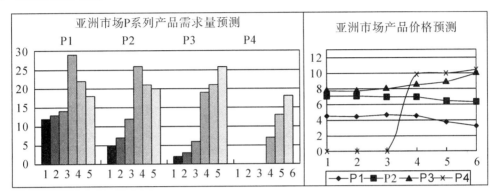

图 3-15　亚洲市场 P 系列产品需求量、价格预测

　　亚洲市场一向波动较大，因此对 P1 产品的需求可能起伏较大，估计对 P2 产品的需求走势与 P1 产品相似。但亚洲市场对新产品很敏感，因此估计对 P3、P4 产品的需求量会发展较快，价格也可能不菲。另外，亚洲市场的消费者很看重产品的质量，因此没有 ISO9000 和 ISO14000 认证的产品可能很难销售。

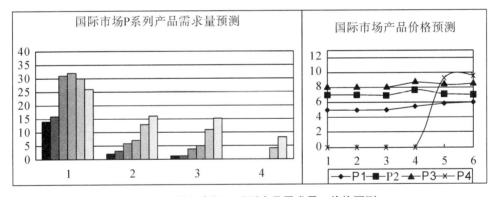

图 3-16　国际市场 P 系列产品需求量、价格预测

　　P 系列产品进入国际市场可能需要一个较长的时期。有迹象表明，国际市场对 P1 产品已经有所认同，但还需要一段时间才能被市场接受。同样，国际市场对 P2、P3 和 P4 产品也会很谨慎地接受，需求发展较慢。当然，国际市场的客户也会关注具有 ISO 认证的产品。

第四章
体验手工沙盘模拟企业经营

学习目标

通过本章的学习，学员应该能够：
（1）深刻领会手工沙盘模拟企业经营。
（2）熟悉手工沙盘企业经营活动构成。
（3）学会将各种专业课程知识运用于手工沙盘企业经营。
（4）学会与组员的沟通协调。
（5）将手工沙盘企业经营运用于真实企业经营中。

一、手工沙盘模拟企业简介

万兴公司是一个典型的离散制造型企业，创建已有3年，长期以来一直专注于某行业P系列产品（P1、P2、P3、P4）的生产和经营。目前万兴公司拥有自主厂房——大厂房，其中安装了3条手工生产线和一条半自动线，运动状态良好。所有生产设备全部生产P1产品，几年来一直只在本地市场进行销售，利润率指标良好，知名度很高，客户也很满意。

（一）组织结构

万兴公司的组织结构如图4-1所示。

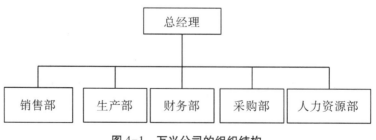

图4-1　万兴公司的组织结构

（二）万兴公司财务状况、发展现状与股东期望

财务状况是指企业资产、负债、所有者权益的构成情况及相互关系。企业的财务状况报告由企业对外提供的主要财务报告——资产负债表表述。目前，万兴公司总资产为 105M，其中流动资产 52M、固定资产 53M、负债 41M、所有者权益 64M。企业的具体资金分布情况见利润表（如表 4-1 所示）、资产负债表（如表 4-2 所示，非会计专业可参照简化报表处理账务），特别说明期间费用合计数在综合费用表反映为 19M，分别为销售费用 11M、管理费用 4M（主要是固定资产折旧费用摊销）、财务费用 4M。

表 4-1　利润表（适用于执行《小企业会计准则》的企业）

纳税人名称：万兴有限公司

纳税人识别号：　　　　　税款所属期间：××年××月 至××年××月　　　　　单位：M

项目	本年累计数
一、营业收入	35
减：营业成本	12
税金及附加	0
销售费用	11
其中：广告费	
市场准入开拓费	
ISO 资格认证费	
产品研发费	
管理费用	4
其中：管理费	
维护费	
租金	
转产费	
折旧费	
财务费用	4
其中：长期贷款利息	
短期贷款利息	
贴现利息	
加：投资收益（损失以"-"号填列）	
二、营业利润（亏损以"-"号填列）	4
加：营业外收入	0
减：营业外支出	0

表4-1（续）

项目	本年累计数
三、利润总额	4
减：所得税	1
四、净利润	3

注：所得税小数点四舍五入。

表4-2 资产负债（适用于执行《小企业会计准则》的企业）

纳税人名称：万兴有限公司

纳税人识别号：　　　税款所属期间：××年××月 至××年××月　　　单位：M

资产	行次	年初数	期末数	负债和所有者权益	行次	年初数	期末数
流动资产：				流动负债：			
货币资金	1		20	短期借款	31		0
短期投资	2		0	应付票据	32		0
应收票据	3		0	应付账款	33		0
应收账款	4		15	预付账款	34		0
预付账款	5		0	应付职工薪酬	35		0
应收股利	6		0	应交税费	36		1
应收利息	7		0	应付利息	37		0
其他应收款	8		0	应付利润	38		0
存货	9		17	其他应付款	39		0
其中：原材料	10		3	其他流动负债	40		0
在产品	11		8	流动负债合计	41		1
库存商品	12		6				
周转材料	13		0				
其他流动资产	14		0				
流动资产合计	15		52				
非流动资产：							
长期股权投资	16		0				
长期债权投资	17		0	非流动负债：			
固定资产原价	18		63	长期借款	42		40
减：累计折旧	19		10	长期应付款	43		0
固定资产账面价值	20		53	递延收益	44		0
工程物资	21		0	其他非流动负债	45		0
在建工程	22		0	非流动负债合计	46		40
固定资产清理	23		0	负债合计	47		41
生产性生物资产	24		0	所有者权益(或股东权益)：			

表4-2（续）

资产	行次	年初数	期末数	负债和所有者权益	行次	年初数	期末数
无形资产	25		0	实收资本（股本）	48		50
开发支出	26		0	资本公积	49		0
长期待摊费用	27		0	盈余公积	50		0
其他非流动资产	28		0	未分配利润	51		14
非流动资产合计	29		53	所有者权益（或股东权益）合计	52		64
资产合计	30		105	负债和所有者权益（或股东权益）合计	53		105

企业负责人：　　　　　　会计机构负责人：　　　　　　制表人：

从利润表中可以看出，企业上一年度的盈利仅为3M。由于设备陈旧，产品、市场单一，利润增长缓慢，企业管理层长期以来墨守成规经营，导致企业已经缺乏必要活力，目前虽然尚未衰败，但也几乎停滞不前。最近，一家权威机构对该行业的发展前景进行了预测，认为P系列产品将会从目前的相对低水平发展为一个高技术产品。因此，万兴公司董事会及全体股东决定将企业交给一批优秀的新人去发展，他们希望新的管理层能完成以下任务：

第一，投资新产品的开发，使企业的市场地位得到进一步提升。

第二，开发本地市场以外的其他新市场，进一步拓展市场领域。

第三，扩大生产规模，采用现代化生产手段，努力提高生产效率。

第四，研究在大数据时代如何借助先进的管理工具提高企业管理水平。

P1产品由于技术水平低，虽然近几年需求较旺，但未来将会逐渐下降；P2产品是P1产品的技术改进版，虽然技术优势会带来一定增长，但随着新技术出现，需求最终会下降；P3、P4产品为全新技术产品，发展潜力很大。

二、手工沙盘模拟企业初始状态

从企业的资产负债表和利润表中虽然可以了解企业的财务状况及经营成果，但不能得到更为具体的详细内容，如长期借款何时到期、应收账款何时回笼等。为了让大家有一个公平的竞争环境，需要统一设定模拟企业的初始状态。从资产负债表上可以看出，模拟企业总资产为105M，因此各组目前都拥有105个单位为1M的币值资产。下面就按照资产负债表上各个项目的排列顺序将企业资源分布状况复原到沙盘上，在复原的过程中各个角色最好各司其职，以熟悉本岗位工作。

（一）流动资产52M

流动资产包括现金、应收账款、存货等，其中存货又分为在制品、成品和原料。

1. 现金 20M

财务主管拿出一桶灰币（共计 20M）放置于现金库位置。

2. 应收账款 15M

为了获得尽可能多的客户，企业一般采用赊销策略，即允许客户在一定期限内缴清贷款，而非货到即付款。在模拟过程中，假定应收账款最长为 4 个账期（4 个季度的时间）。目前，该模拟企业的应收账款为 3 个账期的应收账款 15M。财务主管拿出 15 个灰币，置于应收账款 3 个账期位置。

3. 在制品 8M

在制品是指处于加工过程中尚未完工入库的产品。大厂房里有 3 条手工生产线、1 条半自动线，每条生产线上各有 1 个 P1 在制品。手工生产线的生产周期为 3 期，靠近原料库的为第一生产周期，3 条手工生产线上的 3 个 P1 在制品分别位于第一生产周期、第二生产周期、第三生产周期。半自动线生产周期是 2 期，P1 在制品位于第一生产周期。

在模拟过程中，假定 P1 产品成本由两部分构成：R1 原材料费 1M 和人工费 1M。生产人员需要将 1 个原料（红币）和 1 个人工费（灰币）构成 1 个 P1 产品放置于 P1 产品处。生产主管、采购主管和财务主管配合制作 4 个 P1 产品摆放到生产线上的相应位置。

4. 产成品 6M

P1 产品库中有 3 个产成品，每个产成品同样由 1 个 R1 原料费 1M 和人工费 1M 构成。生产主管、采购主管与财务主管配合制作 3 个 P1 产成品并摆放到 P1 产成品库中。

5. 原材料 3M

R1 原料库中有 3 个 R1 原材料，每个价值 1M，由采购主管取 3 个空桶，每个空桶中分别放置 1R1 原料，并摆放在 R1 原材料库中。

除了以上需要明确表示的价值之外，已向供应商发出的采购订货，预订 R1 原材料 2 个。采购主管将 2 个空桶放置到 R1 原材料订单处。

（二）固定资产 53M

固定资产包括土地及厂房、生产设施等。其中，土地及厂房在本书中专指厂房，生产设施指生产线。

1. 大厂房 40M

模拟企业现有一个价值 40M 的大厂房。财务主管将等值货币资金放置于大厂房处。

2. 设备价值 13M

模拟企业创办 3 年来，已经购置 3 条手工线和 1 条半自动线，扣除折旧，目前手工线的账面价值是 3M，半自动线账面价值是 4M。财务主管取 4 个空桶，分别放

3M、3M、3M、4M 等值货币资金，并放置于生产线下方的"生产线净值"处。

（三）在建工程 0M

在建工程表示未建设完工的生产线。

（四）负债 41M

负债包括短期负债、长期负债和各项应付款。其中，短期负债主要指短期贷款、高利贷等，长期负债主要指长期贷款，各项应付款包括应交税费、应付货款等。

1. 长期贷款 40M

模拟企业现有长期贷款 40M，其中 4 年期的长期贷款 20M，5 年期的长期贷款 20M。财务主管将 2 个空桶分别放置于长期贷款处第 4 年和第 5 年的位置上。目前，模拟企业没有短期负债。

2. 应交税费 1M

特别说明，规则只有涉及企业所得税，无其他税种。模拟企业上年税前利润按照规定需要缴纳 1M 税费。税费在下一年度缴纳，此时沙盘盘面上不做对应操作。

（五）所有者权益 64M

所有者权益包括股本（实收资本）、留存收益、年度净利等。股本（实收资本）是指股东的投资，留存收益是指历年积累下来的年度利润，年度净利是指当年度的净利润。模拟企业股本（实收资本）为 50M，留存收益为 11M，年度净利为 3M。

生产中心、物流中心、财务中心、营销与规划中心四个职能中心初始状态的设定分别如图 4-2、图 4-3、图 4-4、图 4-5 所示。

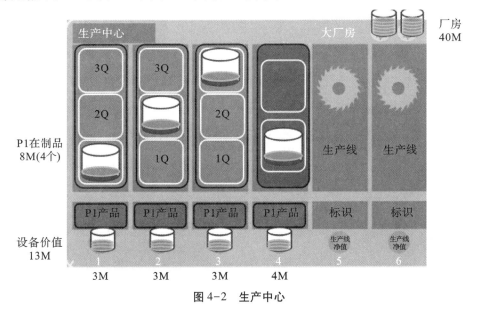

图 4-2　生产中心

57

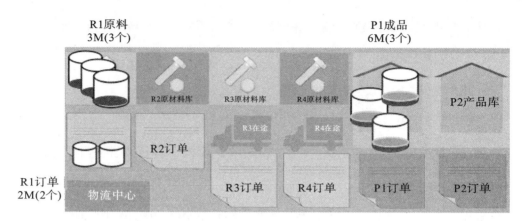

图 4-3　物流中心

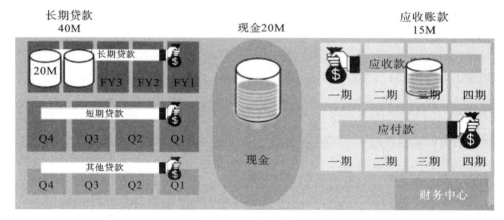

图 4-4　财务中心

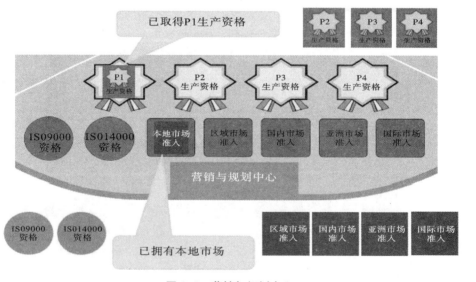

图 4-5　营销与规划中心

三、手工沙盘模拟企业经营过程记录

（一）企业经营流程表

企业的实际经营过程是相当复杂的，在 ERP 沙盘模拟企业经营课程中，用企业经营流程表简化了企业的实际经营过程。企业经营流程表反映了两项内容：一是企业经营过程中必须做的各项工作，二是开展各项工作时需要遵循的先后顺序。可以说，企业经营流程表是进行企业经营活动的指南。

企业经营流程中，按照时间顺序分为年初的 4 项工作、按季度执行的 19 项工作和年末需要做的 6 项工作。CEO 主持执行企业经营流程，团队成员各司其职、有条不紊，每执行完一项任务，各成员应在流程表中的任务清单对应的方格内进行详细的记录。

现金是企业的"血液"。伴随着企业各项活动的进行，会发生现金的流动。为了清晰记录现金的流入与流出，要在企业经营流程中登记现金收支明细。CEO 带领团队成员每执行一项任务时，如果涉及现金收付，财务主管负责现金收付，相应地在方格内登记现金收支情况。

执行企业经营流程时，必须按照自上而下、自左而右的顺序严格执行。

每个角色都要关注自己需要负责什么工作及自己和其他部门的工作关系是怎样的，最好给自己负责的几项工作标注上特殊记号。

（二）模拟企业初始年的经营

企业选定接班人后，新任管理层仍受制于老领导，企业的决策由老领导定夺，新管理层只能执行。这样做的主要目的是团队磨合，进一步熟悉规则，明晰企业的经营过程。

1. 初始年经营说明

（1）年初支付 1M 广告费。

（2）不做任何贷款业务。

（3）每个季度下一个 R1 的原材料订单。

（4）不做任何投资（包括产品开发、市场开发、ISO 认证、生产线投资和厂房购买等）。

（5）企业的长期贷款年利率为 10%，短期贷款年利率为 5%。

（6）生产持续进行。

2. 一年四季经营运行流程

（1）新年度规划会议。CEO 组织召开新年度规划会议，由于初始年按照原来制定的规划进行生产，即只生产 P1 产品，不做其他项目的开发和更新，因此没有更多的讨论。开完会后 CEO 在第一行的相应表格内画"√"号。

（2）订货会议。营销主管参加订货会议，初始年并无悬念，每个企业都投了 1M 广告费，得到 1 张相同的订单，如图 4-6 所示。

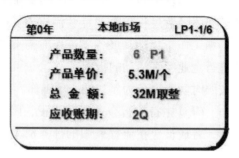

图 4-6　订单

说明如下：

①图 4-6 中的 Q 表示一个季度的时间长度，应收账期 2Q 为两个季度才能收现。

②财务主管在第二行的表格内写入"-1M"，表示支出 1M。

③订货会议结束后，营销主管将市场订单登记在订单登记表、产品核销统计表所示的商品核算统计表中（表中后三项——销售额、成本、毛利交货时填写）。完成此步骤后 CEO 在相应的表格内画"√"号。

④第一季度及其他三个季度各项步骤情况如表 4-3 所示。其中，"√"号表示此步骤在本季度已进行操作，"×"号表示此步骤在本季度未进行操作；"正数"表明各种资金收入，"负数"表明各种资金支出。

第一季度的季初现金盘点余额为上年度的第四季度的期末现金余额数扣除已经支付的广告费和上缴的企业所得税后的金额。以后各季度的季初现金盘点数额为上一季度末的现金余额。

期末现金余额＝季初现金盘点＋现金收入合计−现金支出合计

年末经营状态图

相关表格下载

手工沙盘模拟
企业经营操作流程

表4-3　用户＿＿＿　第＿0＿年经营记录表

请按顺序执行下列各项操作。各总监在方格中填写原材料采购/在制品/产品出库及入库情况。其中：入库数量为"+"，出库数量为"−"。季末入库合计为"+"数据相加，季末出库合计为"−"数据相加。

操作顺序		值
年初	现金结余	20
	新年度规划会议	
	参加订货会/登记销售订单	−1
	制订新年度计划	
	支付应付企业所得税	−1
	支付长贷利息	−4
	更新长期贷款/长期贷款还款	0
	申请长期贷款	0

	盘点	一季度	二季度	三季度	四季度
1	原材料数量结余	3R1	4R1	3R1	3R1
2	在制品数量结余	4P1 (1 2 3 1)	4P1 (2 3 1 2)	4P1 (3 1 2 1)	4P1 (1 2 3 2)
3	产成品数量结余	3P1	3P1	0	1P1
4	现金结余	14	10	6	18
5	更新短期贷款/短期贷款还本付息	0	0	0	0
6	更新生产/完工入库（填写产成品名称）	1P1	2P1	1P1	2P1
7	申请短期贷款	0	0	0	0
8	原材料入库/更新原料订单（填写原料名称）	2R1	1R1	1R1	1R1
9	支付材料款	−2	−1	−1	−1
10	下原料订单（填写预定的原料名称）	1R1	1R1	1R1	1R1
11	购买/租用——厂房	0	0	0	0
12	新建/在建/转产/变卖——生产线	0	0	0	0
13	紧急采购原料/产品（随时进行）	0	0	0	0
14	开始下一批生产（支付原材料，填写原料名称）	−1R1	−2R1	−1R1	−2R1
15	开始下一批生产（支付加工费）	−1	−2	−1	−2
16	更新应收款/应收款收现	0	0	15	32
17	按订单交货（交货填写产品名称）	0	−6P1（32）	0	0
18	产品研发投资	0	0	0	0
19	厂房——出售（卖转租）/退租/租转买	0	0	0	0
20	新市场开拓/ISO资格投资				0
21	支付管理费/支付续租厂房的租金	−1	−1	−1	−1
22	出售库存（随时操作）				
23	厂房贴现（随时操作）	0	0	0	0
24	应收款贴现（随时操作）	0	0	0	0
25	组间交易（产成品、随时操作）	0	0	0	0
年末	缴纳违约订单罚款				0
	支付设备维护费				−4
	计提折旧（现金不减少）				（−5）
	结账				0
26	季末现金收入合计	0	0	15	32
27	季末现金支出合计	4	4	3	8
28	季末现金结余[4项+26项−27项]	10	6	18	42
29	季末原材料数量结余[1项+8项−14项]	4R1	3R1	3R1	2R1
30	季末在制品数量结余[2项−6项+（14+15）项]	4P1 (2 3 1 2)	4P1 (3 1 2 1)	4P1 (1 2 3 2)	4P1 (2 3 1 1)
31	季末产成品数量结余[3项+6项−17项]	4P1	0	1P1	3P1

注：第一季度末在制品数量4P1（2312）是指在制品在生产线的各步骤位置。

3. 编制会计报表

模拟企业在每年的经营结束后，应当编制相关会计报表，主要有简化报表和适用于执行《小企业会计准则》的企业报表，可供不同专业学生选择。我们建议非会计专业学生选择简化报表填制。简化报表和执行《小企业会计准则》的企业的报表如表 4-4 至表 4-9 所示。

表 4-4 简化报表——综合费用表

项目	金额
管理费	4
广告费	1
设备维护费	4
损失（其他）	
转产费	
厂房租金	
新市场开拓	
ISO 资格认证	
产品研发	
信息费	
合计	9

注：库存折价拍卖、生产线变卖、紧急采购、订单违约记入损失。

表 4-5 简化报表——利润表

项目	金额
销售收入	32
直接成本	12
毛利	20
综合费用	9
折旧前利润	11
折旧	5
支付利息前利润	6
财务费用	4
税前利润	2
所得税	1
年度净利润	1

表 4-6 简化报表——资产负债表

项目	金额	项目	金额
现金	42	长期负债	40
应收款		短期负债	0
在制品	8	应交所得税	1
产成品	6	特别贷款	0
原材料	2		
流动资产合计	58	负债合计	41
厂房	40	股东资本	50
生产线	8	利润留存	14
在建工程	0	年度净利	1
固定资产合计	48	所有者权益合计	65
资产总计	106	负债和所有者权益总计	106

表 4-7 综合管理费用明细表 单位：M

项目	金额	备注
管理费	4	
广告费	1	
保养费/维护费	4	
租金		
转产费		
市场准入开拓		□区域 □国内 □亚洲 □国际
ISO 资格认证		□ISO9000 □ISO14000
产品研发		P2（ ） P3（ ） P4（ ）
折旧	5	
其他		
合计	14	

注：为了简化会计核算，将管理费、维护费、租金、转产费、折旧计入管理费用，将广告费、市场准入开拓、ISO 资格认证、产品研发计入销售费用，将利息、贴现息计入财务费用，将库存变卖损失、变卖生产线损失、违约损失合计入其他，将入账计入营业外支出。

表 4-8 利润表（适用于执行《小企业会计准则》的企业）

纳税人名称：万兴有限公司

纳税人识别号： 税款所属期间： 至 单位：M

项目	本月数	本年累计数
一、营业收入		32
减：营业成本		12
税金及附加		

表4-8（续）

项目	本月数	本年累计数
销售费用		1
其中：广告费		1
市场准入开拓费		0
ISO 资格认证费		0
产品研发费		0
管理费用		13
其中：管理费		4
维护费		4
租金		0
转产费		0
折旧费		5
财务费用		4
其中：长期贷款利息		4
短期贷款利息		0
贴现利息		0
加：投资收益（损失以"-"号填列）		0
二、营业利润（亏损以"-"号填列）		2
加：营业外收入		0
减：营业外支出		0
三、利润总额		2
减：所得税		1
四、净利润		1

注：所得税小数点四舍五入。

表4-9　资产负债表（适用于执行《小企业会计准则》的企业）

纳税人名称：万兴有限公司

纳税人识别号：　　　　　税款所属期间：　　　　至　　　　　　单位：M

资产	行次	年初数	期末数	负债和所有者权益	行次	年初数	期末数
流动资产：				流动负债：			
货币资金	1	20	42	短期借款	31	0	0
短期投资	2	0	0	应付票据	32	0	0
应收票据	3	0	0	应付账款	33	0	0
应收账款	4	15	0	预付账款	34	0	0

表4-9(续)

资产	行次	年初数	期末数	负债和所有者权益	行次	年初数	期末数
预付账款	5	0	0	应付职工薪酬	35	0	0
应收股利	6	0	0	应交税费	36	1	1
应收利息	7	0	0	应付利息	37	0	0
其他应收款	8	0	0	应付利润	38	0	0
存货	9	17	16	其他应付款	39	0	0
其中：原材料	10	3	2	其他流动负债	40	0	0
在产品	11	8	8	流动负债合计	41	1	1
库存商品	12	6	6				
周转材料	13	0	0				
其他流动资产	14	0	0				
流动资产合计	15	52	58				
非流动资产：							
长期股权投资	16	0	0				
长期债权投资	17	0	0	非流动负债：			
固定资产原价	18	63	63	长期借款	42	40	40
减：累计折旧	19	10	15	长期应付款	43	0	0
固定资产账面价值	20	53	48	递延收益	44	0	0
工程物资	21	0	0	其他非流动负债	45	0	0
在建工程	22	0	0	非流动负债合计	46	40	40
固定资产清理	23	0	0	负债合计	47	41	41
生产性生物资产	24	0	0	所有者权益(或股东权益)：			
无形资产	25	0	0	实收资本（股本）	48	50	50
开发支出	26	0	0	资本公积	49	0	0
长期待摊费用	27	0	0	盈余公积	50	0	0
其他非流动资产	28	0	0	未分配利润	51	14	15
非流动资产合计	29	53	48	所有者权益(或股东权益)合计	52	64	65
资产合计	30	105	106	负债和所有者权益（或股东权益）合计	53	105	106

企业负责人：　　　　　　会计机构负责人：　　　　　　制表人：

固定资产期初数原价为63M，包括厂房原价40M和生产线价值23M。厂房不提折旧，生产线已经计提折旧10M，生产线净值为13M（分别是第一条手工线3M、第二条手工线 3M、第三条手工线 3M、第四条半自动线 4M）。

固定资产期末数原价为 63M，包括厂房原价 40M 和生产线价值 23M，厂房不提折旧，生产线已经累计折旧 15M，其中上年已经计提折旧 10M，当年计提折旧 5M（分别是第一条手工线计提折旧 1M、第二条手工线计提折旧 1M、第三条手工线计提折旧 1M、第四条半自动线计提折旧 2M，按照平均年限法计提折旧，当年建成生产线不计提折旧，从第二年开始计提，提足折旧不再计提折旧，年末继续交维护费）。生产线期末净值为 8M（分别是第一条手工线 2M、第二条手工线 2M、第三条手工线 2M、第四条半自动线 2M）。

未分配利润期初数是 14M，经过一年的经营，本年净利润为 1M，未分配利润的期末数是 15M。

企业所得税税率为 25%，为了方便计算，所得税费用四舍五入计算。

（三）沙盘盘面状态起始年期初数的记录图

为了方便初学者更好地将各运营年的初始状态及年末状态记录下来，以利于下一运营年的操作，模拟实训设立了沙盘盘面状态起始年期初数的记录图，如图 4-7 所示。

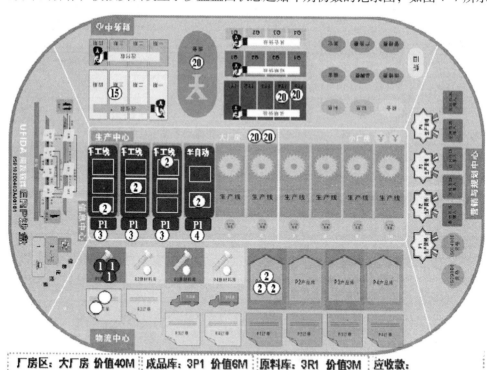

图 4-7　沙盘盘面状态起始年期初数的记录图

经过初始年一年的经营后，企业盘面上的状况如图4-8所示。

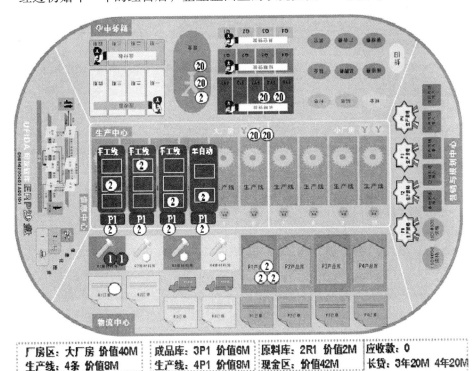

厂房区：大厂房 价值40M	成品库：3P1 价值6M	原料库：2R1 价值2M	应收款：0
生产线：4条 价值8M	生产线：4P1 价值8M	现金区：价值42M	长贷：3年20M 4年20M

图4-8　经过初始年一年的经营后，企业盘面上的状况

现金42M。

在制品8M（4个P1），第一条手工线第二道工序上有1个在制品P1，第二条手工线第三道工序上有1个在制品P1，第三条手工线第一道工序上有1个在制品P1，第四条半自动线第一道工序上有1个在制品P1。

产成品6M（3个P1），放置于P1产成品库中。

原材料2M（2个R1），放置于R1原材料库中。

R1订单处预订1个R1原材料，可以用1个空桶放置在上面，表示预订1个R1原材料。

固定资产48M。其中，大厂房为40M，生产设备为8M（三条手工线和一条半自动线，各自净值均为2M）。

负债41M。其中，长期负债为40M（在第三年和第四年位置上各有20M的长期贷款）；应交税费1M，税费在下一年度初期缴纳，盘面上没有直接反映。

（四）手工沙盘模拟企业经营过程记录

下面请做好准备，开始经营（相关资料参见表4-10至表4-68）。

表 4-10 预算表——第一年

项目	1	2	3	4
期初库存现金				
支付上年应交税				
支付长期贷款利息费				
支付长期贷款到期本金				
支付市场广告费				
贴现费用				
支付短期贷款利息费				
支付到期短期贷款本金				
支付原材料货款				
转产费用				
购买新建筑				
租金				
生产线投资				
工人工资（加工费）				
产品研发投资				
收到现金前的所有支出				
应收款到期				
支付管理费用				
设备维护费用				
市场开拓投资				
ISO 认证投资				
其他				
库存现金余额				

要点记录

第一季度：

第二季度：

第三季度：

第四季度：

年底小结：

表4-11　用户＿＿＿＿＿＿第＿＿＿年经营

操作顺序	请按顺序执行下列各项操作。各总监在方格中填写原材料采购/在制品/产品出库及入库情况。其中:入库数量为"+",出库数量为"－"。季末入库合计为"+"数据相加,季末出库合计为"－"数据相加。									
年初	现金结余									
	新年度规划会议									
	参加订货会/登记销售订单									
	制订新年度计划									
	支付应付企业所得税									
	支付长贷利息									
	更新长期贷款/长期贷款还款									
	申请长期贷款									
	盘点	一季度			二季度			三季度		四季度
1	原材料数量结余									
2	在制品数量结余									
3	产成品数量结余									
4	现金结余									
5	更新短期贷款/短期贷款还本付息									
6	更新生产/完工入库(填写产成品名称)									
7	申请短期贷款									
8	原材料入库/更新原料订单(填写原料名称)									
9	支付材料款									
10	下原料订单(填写预定的原料名称)									
11	购买/租用——厂房									
12	新建/在建/转产/变卖——生产线									
13	紧急采购原料/产品(随时进行)									
14	开始下一批生产(支付原材料,填写原料名称)									
15	开始下一批生产(支付加工费)									
16	更新应收款/应收款收现									
17	按订单交货(交货填写产品名称)									
18	产品研发投资									
19	厂房——出售(卖转租)/退租/租转买									
20	新市场开拓/ISO资格投资									
21	支付管理费/支付续租厂房的租金									
22	出售库存(随时操作)									
23	厂房贴现(随时操作)									
24	应收款贴现(随时操作)									
25	组间交易(产成品,随时操作)									
年末	缴纳违约订单罚款									
	支付设备维护费									
	计提折旧(现金不减少)									
	结账									
26	季末现金收入合计									
27	季末现金支出合计									
28	季末现金结余[4项+26项－27项]									
29	季末原材料数量结余[1项+8项－14项]									
30	季末在制品数量结余[2项－6项+(14+15)项]									
31	季末产成品数量结余[3项+6项－17项]									

69

表4-12　订单登记表

订单号								合计
市场								
产品								
数量								
账期								
销售额								
成本								
毛利								
未售								

表4-13　简化报表——综合费用表

项目	金额
管理费	
广告费	
设备维护费	
损失（其他）	
转产费	
厂房租金	
新市场开拓	
ISO 资格认证	
产品研发	
信息费	
合计	

注：库存折价拍卖、生产线变卖、紧急采购、订单违约记入损失。

表4-14　简化报表——利润表

项目	金额
销售收入	
直接成本	
毛利	
综合费用	
折旧前利润	
折旧	
支付利息前利润	
财务费用	

表4-14（续）

项目	金额
税前利润	
所得税	
年度净利润	

表 4-15　简化报表——资产负债表

项目	金额	项目	金额
现金		长期负债	
应收款		短期负债	
在制品		应交所得税	
产成品		特别贷款	
原材料			
流动资产合计		负债合计	
厂房		股东资本	
生产线		利润留存	
在建工程		年度净利	
固定资产合计		所有者权益合计	
资产总计		负债和所有者权益总计	

表 4-16　综合管理费用明细表

项目	金额	备注
管理费		
广告费		
保养费/维护费		
租金		
转产费		
市场准入开拓		□区域　□国内　□亚洲　□国际
ISO 资格认证		□ISO9000　□ISO14000
产品研发		P2（　）　　P3（　）　　P4（　）
折旧		
其他		
合计		

注：为了简化会计核算，将管理费、维护费、租金、转产费、折旧计入管理费用，将广告费、市场准入开拓、ISO 资格认证、产品研发计入销售费用，将利息、贴现息计入财务费用，将库存变卖损失、变卖生产线损失、违约损失合计计入其他，将入账计入营业外支出。

71

表 4-17　利润表（适用于执行《小企业会计准则》的企业）

纳税人名称：

纳税人识别号：　　　　　　　　税款所属期间：　　　至　　　　　　　　单位：M

项目	本月数	本年累计数
一、营业收入		
减：营业成本		
税金及附加		
销售费用		
其中：广告费		
市场准入开拓费		
ISO 资格认证费		
产品研发费		
管理费用		
其中：管理费		
维护费		
租金		
转产费		
折旧费		
财务费用		
其中：长期贷款利息		
短期贷款利息		
贴现利息		
加：投资收益（损失以"-"号填列）		
二、营业利润（亏损以"-"号填列）		
加：营业外收入		
减：营业外支出		
三、利润总额		
减：所得税		
四、净利润		

注：所得税小数点四舍五入。

表 4-18　资产负债表（适用于执行《小企业会计准则》的企业）

纳税人名称：

纳税人识别号：　　　　　　　税款所属期间：　　　　至　　　　　　　单位：M

资产	行次	年初数	期末数	负债和所有者权益	行次	年初数	期末数
流动资产：				流动负债：			
货币资金	1			短期借款	31		
短期投资	2			应付票据	32		
应收票据	3			应付账款	33		
应收账款	4			预收账款	34		
预付账款	5			应付职工薪酬	35		
应收股利	6			应交税费	36		
应收利息	7			应付利息	37		
其他应收款	8			应付利润	38		
存货	9			其他应付款	39		
其中：原材料	10			其他流动负债	40		
在产品	11			流动负债合计	41		
库存商品	12						
周转材料	13						
其他流动资产	14						
流动资产合计	15						
非流动资产：							
长期股权投资	16						
长期债权投资	17			非流动负债：			
固定资产原价	18			长期借款	42		
减：累计折旧	19			长期应付款	43		
固定资产账面价值	20			递延收益	44		
工程物资	21			其他非流动负债	45		
在建工程	22			非流动负债合计	46		
固定资产清理	23			负债合计	47		
生产性生物资产	24			所有者权益(或股东权益)：			
无形资产	25			实收资本（股本）	48		
开发支出	26			资本公积	49		
长期待摊费用	27			盈余公积	50		
其他非流动资产	28			未分配利润	51		
非流动资产合计	29			所有者权益(或股东权益)合计	52		
资产合计	30			负债和所有者权益（或股东权益）合计	53		

企业负责人：　　　　　　　会计机构负责人：　　　　　　　制表人：

73

表 4-19　手工沙盘模拟企业经营——第　　年总结

这是你们当家的第一年，感觉如何？是不是一个有收益的年度？你们的战略执行得怎么样？将你的感想记录下来。

学会了什么？ 记录知识点：
企业经营遇到哪些问题：
下年如何改进：

表 4-20 预算表——第二年

项目	1	2	3	4
期初库存现金				
支付上年应交税				
支付长期贷款利息费				
支付长期贷款到期本金				
支付市场广告费				
贴现费用				
支付短期贷款利息费				
支付到期短期贷款本金				
支付原材料货款				
转产费用				
购买新建筑				
租金				
生产线投资				
工人工资（加工费）				
产品研发投资				
收到现金前的所有支出				
应收款到期				
支付管理费用				
设备维护费用				
市场开拓投资				
ISO 认证投资				
其他				
库存现金余额				

要点记录

第一季度：

第二季度：

第三季度：

第四季度：

年底小结：

表 4-21 用户 ＿＿＿＿＿ 第＿＿年经营

操作顺序	请按顺序执行下列各项操作。各总监在方格中填写原材料采购/在制品/产品出库及入库情况。其中：入库数量为"＋"，出库数量为"－"。季末入库合计为"＋"数据相加，季末出库合计为"－"数据相加。							
年初	现金结余							
	新年度规划会议							
	参加订货会/登记销售订单							
	制订新年度计划							
	支付应付企业所得税							
	支付长贷利息							
	更新长期贷款/长期贷款还款							
	申请长期贷款							
	盘点	一季度		二季度		三季度		四季度
1	原材料数量结余							
2	在制品数量结余							
3	产成品数量结余							
4	现金结余							
5	更新短期贷款/短期贷款还本付息							
6	更新生产/完工入库(填写产成品名称)							
7	申请短期贷款							
8	原材料入库/更新原料订单(填写原料名称)							
9	支付材料款							
10	下原料订单(填写预定的原料名称)							
11	购买/租用——厂房							
12	新建/在建/转产/变卖——生产线							
13	紧急采购原料/产品(随时进行)							
14	开始下一批生产(支付原材料,填写原料名称)							
15	开始下一批生产(支付加工费)							
16	更新应收款/应收款收现							
17	按订单交货(交货填写产品名称)							
18	产品研发投资							
19	厂房——出售(卖转租)/退租/租转买							
20	新市场开拓/ISO 资格投资							
21	支付管理费/支付续租厂房的租金							
22	出售库存(随时操作)							
23	厂房贴现(随时操作)							
24	应收款贴现(随时操作)							
25	组间交易(产成品,随时操作)							
年末	缴纳违约订单罚款							
	支付设备维护费							
	计提折旧(现金不减少)							
	结账							
26	季末现金收入合计							
27	季末现金支出合计							
28	季末现金结余[4 项+26 项-27 项]							
29	季末原材料数量结余[1 项+8 项-14 项]							
30	季末在制品数量结余[2 项-6 项+(14+15)项]							
31	季末产成品数量结余[3 项+6 项-17 项]							

表 4-22 订单登记表

订单号								合计
市场								
产品								
数量								
账期								
销售额								
成本								
毛利								
未售								

表 4-23 简化报表——综合费用表

项目	金额
管理费	
广告费	
设备维护费	
损失（其他）	
转产费	
厂房租金	
新市场开拓	
ISO 资格认证	
产品研发	
信息费	
合计	

注：库存折价拍卖、生产线变卖、紧急采购、订单违约记入损失。

表 4-24 简化报表——利润表

项目	金额
销售收入	
直接成本	
毛利	
综合费用	
折旧前利润	
折旧	
支付利息前利润	
财务费用	

表4-24（续）

项目	金额
税前利润	
所得税	
年度净利润	

表4-25　简化报表——资产负债表

项目	金额	项目	金额
现金		长期负债	
应收款		短期负债	
在制品		应交所得税	
产成品		特别贷款	
原材料			
流动资产合计		负债合计	
厂房		股东资本	
生产线		利润留存	
在建工程		年度净利	
固定资产合计		所有者权益合计	
资产总计		负债和所有者权益总计	

表4-26　综合管理费用明细表

项目	金额	备注
管理费		
广告费		
保养费/维护费		
租金		
转产费		
市场准入开拓		□区域　□国内　□亚洲　□国际
ISO 资格认证		□ISO9000　□ISO14000
产品研发		P2（　） P3（　） P4（　）
折旧		
其他		
合计		

注：为了简化会计核算，将管理费、维护费、租金、转产费、折旧计入管理费用，将广告费、市场准入开拓、ISO 资格认证、产品研发计入销售费用，将利息、贴现息计入财务费用，将库存变卖损失、变卖生产线损失、违约损失合计计入其他，将入账计入营业外支出。

表 4-27 利润表（适用于执行《小企业会计准则》的企业）

纳税人名称：

纳税人识别号： 税款所属期间： 至 单位：M

项目	本月数	本年累计数
一、营业收入		
减：营业成本		
税金及附加		
销售费用		
其中：广告费		
市场准入开拓费		
ISO 资格认证费		
产品研发费		
管理费用		
其中：管理费		
维护费		
租金		
转产费		
折旧费		
财务费用		
其中：长期贷款利息		
短期贷款利息		
贴现利息		
加：投资收益（损失以"-"号填列）		
二、营业利润（亏损以"-"号填列）		
加：营业外收入		
减：营业外支出		
三、利润总额		
减：所得税		
四、净利润		

注：所得税小数点四舍五入。

79

表 4-28 资产负债表（适用于执行《小企业会计准则》的企业）

纳税人名称：

纳税人识别号： 税款所属期间： 至 单位：M

资产	行次	年初数	期末数	负债和所有者权益	行次	年初数	期末数
流动资产：				流动负债：			
货币资金	1			短期借款	31		
短期投资	2			应付票据	32		
应收票据	3			应付账款	33		
应收账款	4			预付账款	34		
预付账款	5			应付职工薪酬	35		
应收股利	6			应交税费	36		
应收利息	7			应付利息	37		
其他应收款	8			应付利润	38		
存货	9			其他应付款	39		
其中：原材料	10			其他流动负债	40		
在产品	11			流动负债合计	41		
库存商品	12						
周转材料	13						
其他流动资产	14						
流动资产合计	15						
非流动资产：							
长期股权投资	16						
长期债权投资	17			非流动负债：			
固定资产原价	18			长期借款	42		
减：累计折旧	19			长期应付款	43		
固定资产账面价值	20			递延收益	44		
工程物资	21			其他非流动负债	45		
在建工程	22			非流动负债合计	46		
固定资产清理	23			负债合计	47		
生产性生物资产	24			所有者权益(或股东权益)：			
无形资产	25			实收资本（股本）	48		
开发支出	26			资本公积	49		
长期待摊费用	27			盈余公积	50		
其他非流动资产	28			未分配利润	51		
非流动资产合计	29			所有者权益(或股东权益)合计	52		
资产合计	30			负债和所有者权益（或股东权益）合计	53		

企业负责人： 会计机构负责人： 制表人：

企业行为模拟——ERP沙盘模拟

表 4-29　预算表——第三年

项目	1	2	3	4
期初库存现金				
支付上年应交税				
支付长期贷款利息费				
支付长期贷款到期本金				
支付市场广告费				
贴现费用				
支付短期贷款利息费				
支付到期短期贷款本金				
支付原材料货款				
转产费用				
购买新建筑				
租金				
生产线投资				
工人工资（加工费）				
产品研发投资				
收到现金前的所有支出				
应收款到期				
支付管理费用				
设备维护费用				
市场开拓投资				
ISO 认证投资				
其他				
库存现金余额				

要点记录

第一季度：

第二季度：

第三季度：

第四季度：

年底小结：

表 4-30　用户　　　　　　第＿＿＿年经营

操作顺序	请按顺序执行下列各项操作。各总监在方格中填写原材料采购/在制品/产品出库及入库情况。其中：入库数量为"+"，出库数量为"-"。季末入库合计为"+"数据相加，季末出库合计为"-"数据相加。				
年初	现金结余				
	新年度规划会议				
	参加订货会/登记销售订单				
	制订新年度计划				
	支付应付企业所得税				
	支付长贷利息				
	更新长期贷款/长期贷款还款				
	申请长期贷款				

	盘点	一季度	二季度	三季度	四季度
1	原材料数量结余				
2	在制品数量结余				
3	产成品数量结余				
4	现金结余				
5	更新短期贷款/短期贷款还本付息				
6	更新生产/完工入库(填写产成品名称)				
7	申请短期贷款				
8	原材料入库/更新原料订单(填写原料名称)				
9	支付材料款				
10	下原料订单(填写预定的原料名称)				
11	购买/租用——厂房				
12	新建/在建/转产/变卖——生产线				
13	紧急采购原料/产品(随时进行)				
14	开始下一批生产(支付原材料,填写原料名称)				
15	开始下一批生产(支付加工费)				
16	更新应收款/应收款收现				
17	按订单交货(交货填写产品名称)				
18	产品研发投资				
19	厂房——出售(卖转租)/退租/租转买				
20	新市场开拓/ISO 资格投资				
21	支付管理费/支付续租厂房的租金				
22	出售库存(随时操作)				
23	厂房贴现(随时操作)				
24	应收款贴现(随时操作)				
25	组间交易(产成品、随时操作)				
年末	缴纳违约订单罚款				
	支付设备维护费				
	计提折旧(现金不减少)				
	结账				
26	季末现金收入合计				
27	季末现金支出合计				
28	季末现金结余[4 项+26 项-27 项]				
29	季末原材料数量结余[1 项+8 项-14 项]				
30	季末在制品数量结余[2 项-6 项+(14+15)项]				
31	季末产成品数量结余[3 项+6 项-17 项]				

表4-31　订单登记表

订单号								合计
市场								
产品								
数量								
账期								
销售额								
成本								
毛利								
未售								

表4-32　简化报表——综合费用表

项目	金额
管理费	
广告费	
设备维护费	
损失（其他）	
转产费	
厂房租金	
新市场开拓	
ISO资格认证	
产品研发	
信息费	
合计	

注：库存折价拍卖、生产线变卖、紧急采购、订单违约记入损失。

表4-33　简化报表——利润表

项目	金额
销售收入	
直接成本	
毛利	
综合费用	
折旧前利润	
折旧	
支付利息前利润	
财务费用	

83

表4-33（续）

项目	金额
税前利润	
所得税	
年度净利润	

表4-34 简化报表——资产负债表

项目	金额	项目	金额
现金		长期负债	
应收款		短期负债	
在制品		应交所得税	
产成品		特别贷款	
原材料			
流动资产合计		负债合计	
厂房		股东资本	
生产线		利润留存	
在建工程		年度净利	
固定资产合计		所有者权益合计	
资产总计		负债和所有者权益总计	

表4-35 综合管理费用明细表

项目	金额	备注
管理费		
广告费		
保养费/维护费		
租金		
转产费		
市场准入开拓		□区域　□国内　□亚洲　□国际
ISO 资格认证		□ISO9000　□ISO14000
产品研发		P2（　）　P3（　）　P4（　）
折旧		
其他		
合计		

注：为了简化会计核算，将管理费、维护费、租金、转产费、折旧计入管理费用，将广告费、市场准入开拓、ISO 资格认证、产品研发计入销售费用，将利息、贴现息计入财务费用，将库存变卖损失、变卖生产线损失、违约损失合计计入其他，将入账计入营业外支出。

表4-36　利润表（适用于执行《小企业会计准则》的企业）

纳税人名称：

纳税人识别号：　　　　　　　税款所属期间：　　至　　　　　　　单位：M

项目	本月数	本年累计数
一、营业收入		
减：营业成本		
税金及附加		
销售费用		
其中：广告费		
市场准入开拓费		
ISO 资格认证费		
产品研发费		
管理费用		
其中：管理费		
维护费		
租金		
转产费		
折旧费		
财务费用		
其中：长期贷款利息		
短期贷款利息		
贴现利息		
加：投资收益（损失以"-"号填列）		
二、营业利润（亏损以"-"号填列）		
加：营业外收入		
减：营业外支出		
三、利润总额		
减：所得税		
四、净利润		

注：所得税小数点四舍五入。

表 4-37 资产负债表（适用于执行《小企业会计准则》的企业）

纳税人名称：

纳税人识别号：　　　　　　　税款所属期间：　　　　至　　　　　　　单位：M

资产	行次	年初数	期末数	负债和所有者权益	行次	年初数	期末数
流动资产：				流动负债：			
货币资金	1			短期借款	31		
短期投资	2			应付票据	32		
应收票据	3			应付账款	33		
应收账款	4			预付账款	34		
预付账款	5			应付职工薪酬	35		
应收股利	6			应交税费	36		
应收利息	7			应付利息	37		
其他应收款	8			应付利润	38		
存货	9			其他应付款	39		
其中：原材料	10			其他流动负债	40		
在产品	11			流动负债合计	41		
库存商品	12						
周转材料	13						
其他流动资产	14						
流动资产合计	15						
非流动资产：							
长期股权投资	16						
长期债权投资	17			非流动负债：			
固定资产原价	18			长期借款	42		
减：累计折旧	19			长期应付款	43		
固定资产账面价值	20			递延收益	44		
工程物资	21			其他非流动负债	45		
在建工程	22			非流动负债合计	46		
固定资产清理	23			负债合计	47		
生产性生物资产	24			所有者权益（或股东权益）：			
无形资产	25			实收资本（股本）	48		
开发支出	26			资本公积	49		
长期待摊费用	27			盈余公积	50		
其他非流动资产	28			未分配利润	51		
非流动资产合计	29			所有者权益（或股东权益）合计	52		
资产合计	30			负债和所有者权益（或股东权益）合计	53		

企业负责人：　　　　　　　　会计机构负责人：　　　　　　　　制表人：

表 4-38 手工沙盘模拟企业经营——第 年总结

这是你们当家的第一年，感觉如何？是不是一个有收益的年度？你们的战略执行得怎么样？将你的感想记录下来。

学会了什么？ 记录知识点：
企业经营遇到哪些问题：
下年如何改进：

表 4-39　预算表——第四年

项目	1	2	3	4
期初库存现金				
支付上年应交税				
支付长期贷款利息费				
支付长期贷款到期本金				
支付市场广告费				
贴现费用				
支付短期贷款利息费				
支付到期短期贷款本金				
支付原材料货款				
转产费用				
购买新建筑				
租金				
生产线投资				
工人工资（加工费）				
产品研发投资				
收到现金前的所有支出				
应收款到期				
支付管理费用				
设备维护费用				
市场开拓投资				
ISO 认证投资				
其他				
库存现金余额				

要点记录

第一季度：

第二季度：

第三季度：

第四季度：

年底小结：

企/业/行/为/模/拟——ERP 沙盘模拟

表 4-40　用户 _____　第 ___ 年经营

操作顺序	请按顺序执行下列各项操作。各总监在方格中填写原材料采购/在制品/产品出库及入库情况。其中:入库数量为"+",出库数量为"−"。季末入库合计为"+"数据相加,季末出库合计为"−"数据相加。				
年初	现金结余				
	新年度规划会议				
	参加订货会/登记销售订单				
	制订新年度计划				
	支付应付企业所得税				
	支付长贷利息				
	更新长期贷款/长期贷款还款				
	申请长期贷款				
	盘点	一季度	二季度	三季度	四季度
1	原材料数量结余				
2	在制品数量结余				
3	产成品数量结余				
4	现金结余				
5	更新短期贷款/短期贷款还本付息				
6	更新生产/完工入库(填写产成品名称)				
7	申请短期贷款				
8	原材料入库/更新原料订单(填写原料名称)				
9	支付材料款				
10	下原料订单(填写预定的原料名称)				
11	购买/租用——厂房				
12	新建/在建/转产/变卖——生产线				
13	紧急采购原料/产品(随时进行)				
14	开始下一批生产(支付原材料,填写原料名称)				
15	开始下一批生产(支付加工费)				
16	更新应收款/应收款收现				
17	按订单交货(交货填写产品名称)				
18	产品研发投资				
19	厂房——出售(卖转租)/退租/租转买				
20	新市场开拓/ISO 资格投资				
21	支付管理费/支付续租厂房的租金				
22	出售库存(随时操作)				
23	厂房贴现(随时操作)				
24	应收款贴现(随时操作)				
25	组间交易(产成品、随时操作)				
年末	缴纳违约订单罚款				
	支付设备维护费				
	计提折旧(现金不减少)				
	结账				
26	季末现金收入合计				
27	季末现金支出合计				
28	季末现金结余[4 项+26 项−27 项]				
29	季末原材料数量结余[1 项+8 项−14 项]				
30	季末在制品数量结余[2 项−6 项+(14+15)项]				
31	季末产成品数量结余[3 项+6 项−17 项]				

89

表 4-41　订单登记表

订单号									合计
市场									
产品									
数量									
账期									
销售额									
成本									
毛利									
未售									

表 4-42　简化报表——综合费用表

项目	金额
管理费	
广告费	
设备维护费	
损失（其他）	
转产费	
厂房租金	
新市场开拓	
ISO 资格认证	
产品研发	
信息费	
合计	

注：库存折价拍卖、生产线变卖、紧急采购、订单违约记入损失。

表 4-43　简化报表——利润表

项目	金额
销售收入	
直接成本	
毛利	
综合费用	
折旧前利润	
折旧	
支付利息前利润	
财务费用	

表4-43(续)

项目	金额
税前利润	
所得税	
年度净利润	

表 4-44 简化报表——资产负债表

项目	金额	项目	金额
现金		长期负债	
应收款		短期负债	
在制品		应交所得税	
产成品		特别贷款	
原材料			
流动资产合计		负债合计	
厂房		股东资本	
生产线		利润留存	
在建工程		年度净利	
固定资产合计		所有者权益合计	
资产总计		负债和所有者权益总计	

表 4-45 综合管理费用明细表

项目	金额	备注
管理费		
广告费		
保养费/维护费		
租金		
转产费		
市场准入开拓		□区域 □国内 □亚洲 □国际
ISO 资格认证		□ISO9000 □ISO14000
产品研发		P2（ ） P3（ ） P4（ ）
折旧		
其他		
合计		

注：为了简化会计核算，将管理费、维护费、租金、转产费、折旧计入管理费用，将广告费、市场准入开拓、ISO资格认证、产品研发计入销售费用，将利息、贴现息计入财务费用，将库存变卖损失、变卖生产线损失、违约损失合计入其他，将入账计入营业外支出。

表 4-46 利润表（适用于执行《小企业会计准则》的企业）

纳税人名称：

纳税人识别号： 税款所属期间： 至 单位：M

项目	本月数	本年累计数
一、营业收入		
减：营业成本		
税金及附加		
销售费用		
其中：广告费		
市场准入开拓费		
ISO 资格认证费		
产品研发费		
管理费用		
其中：管理费		
维护费		
租金		
转产费		
折旧费		
财务费用		
其中：长期贷款利息		
短期贷款利息		
贴现利息		
加：投资收益（损失以"-"号填列）		
二、营业利润（亏损以"-"号填列）		
加：营业外收入		
减：营业外支出		
三、利润总额		
减：所得税		
四、净利润		

注：所得税小数点四舍五入。

企业行为模拟——ERP沙盘模拟

表 4-47　资产负债表（适用于执行《小企业会计准则》的企业）

纳税人名称：

纳税人识别号：　　　　　　　　　税款所属期间：　　　至　　　　　　　　　单位：M

资产	行次	年初数	期末数	负债和所有者权益	行次	年初数	期末数
流动资产：				流动负债：			
货币资金	1			短期借款	31		
短期投资	2			应付票据	32		
应收票据	3			应付账款	33		
应收账款	4			预付账款	34		
预付账款	5			应付职工薪酬	35		
应收股利	6			应交税费	36		
应收利息	7			应付利息	37		
其他应收款	8			应付利润	38		
存货	9			其他应付款	39		
其中：原材料	10			其他流动负债	40		
在产品	11			流动负债合计	41		
库存商品	12						
周转材料	13						
其他流动资产	14						
流动资产合计	15						
非流动资产：							
长期股权投资	16						
长期债权投资	17			非流动负债：			
固定资产原价	18			长期借款	42		
减：累计折旧	19			长期应付款	43		
固定资产账面价值	20			递延收益	44		
工程物资	21			其他非流动负债	45		
在建工程	22			非流动负债合计	46		
固定资产清理	23			负债合计	47		
生产性生物资产	24			所有者权益(或股东权益)：			
无形资产	25			实收资本（股本）	48		
开发支出	26			资本公积	49		
长期待摊费用	27			盈余公积	50		
其他非流动资产	28			未分配利润	51		
非流动资产合计	29			所有者权益(或股东权益)合计	52		
资产合计	30			负债和所有者权益（或股东权益）合计	53		

企业负责人：　　　　　　　会计机构负责人：　　　　　　　制表人：

93

表 4-48　手工沙盘模拟企业经营——第　　年总结

这是你们当家的第一年，感觉如何？是不是一个有收益的年度？你们的战略执行得怎么样？将你的感想记录下来。

学会了什么？ 记录知识点：
企业经营遇到哪些问题：
下年如何改进：

表 4-49　预算表——第五年

项目	1	2	3	4
期初库存现金				
支付上年应交税				
支付长期贷款利息费				
支付长期贷款到期本金				
支付市场广告费				
贴现费用				
支付短期贷款利息费				
支付到期短期贷款本金				
支付原材料货款				
转产费用				
购买新建筑				
租金				
生产线投资				
工人工资（加工费）				
产品研发投资				
收到现金前的所有支出				
应收款到期				
支付管理费用				
设备维护费用				
市场开拓投资				
ISO 认证投资				
其他				
库存现金余额				

要点记录

第一季度：

第二季度：

第三季度：

第四季度：

年底小结：

表 4-50　用户　　　　　　第___年经营

操作顺序	请按顺序执行下列各项操作。各总监在方格中填写原材料采购/在制品/产品出库及入库情况。其中：入库数量为"+"，出库数量为"−"。季末入库合计为"+"数据相加，季末出库合计为"−"数据相加。																
年初	现金结余																
	新年度规划会议																
	参加订货会/登记销售订单																
	制订新年度计划																
	支付应付企业所得税																
	支付长贷利息																
	更新长期贷款/长期贷款还款																
	申请长期贷款																

	盘点	一季度				二季度				三季度				四季度			
1	原材料数量结余																
2	在制品数量结余																
3	产成品数量结余																
4	现金结余																
5	更新短期贷款/短期贷款还本付息																
6	更新生产/完工入库(填写产成品名称)																
7	申请短期贷款																
8	原材料入库/更新原料订单(填写原料名称)																
9	支付材料款																
10	下原料订单(填写预定的原料名称)																
11	购买/租用——厂房																
12	新建/在建/转产/变卖——生产线																
13	紧急采购原料/产品(随时进行)																
14	开始下一批生产(支付原材料,填写原料名称)																
15	开始下一批生产(支付加工费)																
16	更新应收款/应收款收现																
17	按订单交货(交货填写产品名称)																
18	产品研发投资																
19	厂房——出售(卖转租)/退租/租转买																
20	新市场开拓/ISO 资格投资																
21	支付管理费/支付续租厂房的租金																
22	出售库存(随时操作)																
23	厂房贴现(随时操作)																
24	应收款贴现(随时操作)																
25	组间交易(产成品、随时操作)																
年末	缴纳违约订单罚款																
	支付设备维护费																
	计提折旧(现金不减少)																
	结账																
26	季末现金收入合计																
27	季末现金支出合计																
28	季末现金结余[4 项+26 项−27 项]																
29	季末原材料数量结余[1 项+8 项−14 项]																
30	季末在制品数量结余[2 项−6 项+(14+15)项]																
31	季末产成品数量结余[3 项+6 项−17 项]																

表 4-51　订单登记表

订单号							合计
市场							
产品							
数量							
账期							
销售额							
成本							
毛利							
未售							

表 4-52　简化报表——综合费用表

项目	金额
管理费	
广告费	
设备维护费	
损失（其他）	
转产费	
厂房租金	
新市场开拓	
ISO 资格认证	
产品研发	
信息费	
合计	

注：库存折价拍卖、生产线变卖、紧急采购、订单违约记入损失。

表 4-53　简化报表——利润表

项目	金额
销售收入	
直接成本	
毛利	
综合费用	
折旧前利润	
折旧	
支付利息前利润	
财务费用	

表4-53(续)

项目	金额
税前利润	
所得税	
年度净利润	

表4-54 简化报表——资产负债表

项目	金额	项目	金额
现金		长期负债	
应收款		短期负债	
在制品		应交所得税	
产成品		特别贷款	
原材料			
流动资产合计		负债合计	
厂房		股东资本	
生产线		利润留存	
在建工程		年度净利	
固定资产合计		所有者权益合计	
资产总计		负债和所有者权益总计	

表4-55 综合管理费用明细表

项目	金额	备注
管理费		
广告费		
保养费/维护费		
租金		
转产费		
市场准入开拓		□区域　□国内　□亚洲　□国际
ISO资格认证		□ISO9000　□ISO14000
产品研发		P2（　　）　P3（　　）　P4（　　）
折旧		
其他		
合计		

注：为了简化会计核算，将管理费、维护费、租金、转产费、折旧计入管理费用，将广告费、市场准入开拓、ISO资格认证、产品研发计入销售费用，将利息、贴现息计入财务费用，将库存变卖损失、变卖生产线损失、违约损失合计计入其他，将入账计入营业外支出。

表 4-56 利润表（适用于执行《小企业会计准则》的企业）

纳税人名称：

纳税人识别号： 税款所属期间： 至 单位：M

项目	本月数	本年累计数
一、营业收入		
减：营业成本		
税金及附加		
销售费用		
其中：广告费		
市场准入开拓费		
ISO 资格认证费		
产品研发费		
管理费用		
其中：管理费		
维护费		
租金		
转产费		
折旧费		
财务费用		
其中：长期贷款利息		
短期贷款利息		
贴现利息		
加：投资收益（损失以"－"号填列）		
二、营业利润（亏损以"－"号填列）		
加：营业外收入		
减：营业外支出		
三、利润总额		
减：所得税		
四、净利润		

注：所得税小数点四舍五入。

表 4-57 资产负债表（适用于执行《小企业会计准则》的企业）

纳税人名称：

纳税人识别号：　　　　　　　税款所属期间：　　　至　　　　　　　单位：M

资产	行次	年初数	期末数	负债和所有者权益	行次	年初数	期末数
流动资产：				流动负债：			
货币资金	1			短期借款	31		
短期投资	2			应付票据	32		
应收票据	3			应付账款	33		
应收账款	4			预付账款	34		
预付账款	5			应付职工薪酬	35		
应收股利	6			应交税费	36		
应收利息	7			应付利息	37		
其他应收款	8			应付利润	38		
存货	9			其他应付款	39		
其中：原材料	10			其他流动负债	40		
在产品	11			流动负债合计	41		
库存商品	12						
周转材料	13						
其他流动资产	14						
流动资产合计	15						
非流动资产：							
长期股权投资	16						
长期债权投资	17			非流动负债：			
固定资产原价	18			长期借款	42		
减：累计折旧	19			长期应付款	43		
固定资产账面价值	20			递延收益	44		
工程物资	21			其他非流动负债	45		
在建工程	22			非流动负债合计	46		
固定资产清理	23			负债合计	47		
生产性生物资产	24			所有者权益（或股东权益）：			
无形资产	25			实收资本（股本）	48		
开发支出	26			资本公积	49		
长期待摊费用	27			盈余公积	50		
其他非流动资产	28			未分配利润	51		
非流动资产合计	29			所有者权益（或股东权益）合计	52		
资产合计	30			负债和所有者权益（或股东权益）合计	53		

企业负责人：　　　　　　　会计机构负责人：　　　　　　　制表人：

表 4-58　手工沙盘模拟企业经营——第　　年总结

这是你们当家的第一年，感觉如何？是不是一个有收益的年度？你们的战略执行得怎么样？将你的感想记录下来。

学会了什么？ 记录知识点：
企业经营遇到哪些问题：
下年如何改进：

表 4-59　预算表——第六年

项目	1	2	3	4
期初库存现金				
支付上年应交税				
支付长期贷款利息费				
支付长期贷款到期本金				
支付市场广告费				
贴现费用				
支付短期贷款利息费				
支付到期短期贷款本金				
支付原材料货款				
转产费用				
购买新建筑				
租金				
生产线投资				
工人工资（加工费）				
产品研发投资				
收到现金前的所有支出				
应收款到期				
支付管理费用				
设备维护费用				
市场开拓投资				
ISO 认证投资				
其他				
库存现金余额				

要点记录

第一季度：

第二季度：

第三季度：

第四季度：

年底小结：

表 4-60　用户 ＿＿＿＿＿＿＿＿ 第＿＿＿年经营

操作顺序	请按顺序执行下列各项操作。各总监在方格中填写原材料采购/在制品/产品出库及入库情况。其中：入库数量为"+"，出库数量为"−"。季末入库合计为"+"数据相加，季末出库合计为"−"数据相加。				
年初	现金结余				
	新年度规划会议				
	参加订货会/登记销售订单				
	制订新年度计划				
	支付应付企业所得税				
	支付长贷利息				
	更新长期贷款/长期贷款还款				
	申请长期贷款				
	盘点	一季度	二季度	三季度	四季度
1	原材料数量结余				
2	在制品数量结余				
3	产成品数量结余				
4	现金结余				
5	更新短期贷款/短期贷款还本付息				
6	更新生产/完工入库（填写产成品名称）				
7	申请短期贷款				
8	原材料入库/更新原料订单（填写原料名称）				
9	支付材料款				
10	下原料订单（填写预定的原料名称）				
11	购买/租用——厂房				
12	新建/在建/转产/变卖——生产线				
13	紧急采购原料/产品（随时进行）				
14	开始下一批生产（支付原材料，填写原料名称）				
15	开始下一批生产（支付加工费）				
16	更新应收款/应收款收现				
17	按订单交货（交货填写产品名称）				
18	产品研发投资				
19	厂房——出售（卖转租）/退租/租转买				
20	新市场开拓/ISO 资格投资				
21	支付管理费/支付续租厂房的租金				
22	出售库存（随时操作）				
23	厂房贴现（随时操作）				
24	应收款贴现（随时操作）				
25	组间交易（产成品、随时操作）				
年末	缴纳违约订单罚款				
	支付设备维护费				
	计提折旧（现金不减少）				
	结账				
26	季末现金收入合计				
27	季末现金支出合计				
28	季末现金结余［4 项+26 项−27 项］				
29	季末原材料数量结余［1 项+8 项−14 项］				
30	季末在制品数量结余［2 项−6 项+（14+15）项］				
31	季末产成品数量结余［3 项+6 项−17 项］				

表 4-61　订单登记表

订单号								合计
市场								
产品								
数量								
账期								
销售额								
成本								
毛利								
未售								

表 4-62　简化报表——综合费用表

项目	金额
管理费	
广告费	
设备维护费	
损失（其他）	
转产费	
厂房租金	
新市场开拓	
ISO 资格认证	
产品研发	
信息费	
合计	

注：库存折价拍卖、生产线变卖、紧急采购、订单违约记入损失。

表 4-63　简化报表——利润表

项目	金额
销售收入	
直接成本	
毛利	
综合费用	
折旧前利润	
折旧	
支付利息前利润	
财务费用	

表4-63（续）

项目	金额
税前利润	
所得税	
年度净利润	

表4-64　简化报表——资产负债表

项目	金额	项目	金额
现金		长期负债	
应收款		短期负债	
在制品		应交所得税	
产成品		特别贷款	
原材料			
流动资产合计		负债合计	
厂房		股东资本	
生产线		利润留存	
在建工程		年度净利	
固定资产合计		所有者权益合计	
资产总计		负债和所有者权益总计	

表4-65　综合管理费用明细表

项目	金额	备注
管理费		
广告费		
保养费/维护费		
租金		
转产费		
市场准入开拓		□区域　□国内　□亚洲　□国际
ISO资格认证		□ISO9000　□ISO14000
产品研发		P2（　）　　P3（　）　　P4（　）
折旧		
其他		
合计		

注：为了简化会计核算，将管理费、维护费、租金、转产费、折旧计入管理费用，将广告费、市场准入开拓、ISO资格认证、产品研发计入销售费用，将利息、贴现息计入财务费用，将库存变卖损失、变卖生产线损失、违约损失合计计入其他，将入账计入营业外支出。

表 4-66 利润表（适用于执行《小企业会计准则》的企业）

纳税人名称：

纳税人识别号：　　　　　　　税款所属期间：　　　至　　　　　　　单位：M

项目	本月数	本年累计数
一、营业收入		
减：营业成本		
税金及附加		
销售费用		
其中：广告费		
市场准入开拓费		
ISO 资格认证费		
产品研发费		
管理费用		
其中：管理费		
维护费		
租金		
转产费		
折旧费		
财务费用		
其中：长期贷款利息		
短期贷款利息		
贴现利息		
加：投资收益（损失以"－"号填列）		
二、营业利润（亏损以"－"号填列）		
加：营业外收入		
减：营业外支出		
三、利润总额		
减：所得税		
四、净利润		

注：所得税小数点四舍五入。

企／业／行／为／模／拟 ——ERP 沙盘模拟

表 4-67 资产负债表（适用于执行《小企业会计准则》的企业）

纳税人名称：

纳税人识别号：　　　　　　　税款所属期间：　　至　　　　　　单位：M

资产	行次	年初数	期末数	负债和所有者权益	行次	年初数	期末数
流动资产：				流动负债：			
货币资金	1			短期借款	31		
短期投资	2			应付票据	32		
应收票据	3			应付账款	33		
应收账款	4			预付账款	34		
预付账款	5			应付职工薪酬	35		
应收股利	6			应交税费	36		
应收利息	7			应付利息	37		
其他应收款	8			应付利润	38		
存货	9			其他应付款	39		
其中：原材料	10			其他流动负债	40		
在产品	11			流动负债合计	41		
库存商品	12						
周转材料	13						
其他流动资产	14						
流动资产合计	15						
非流动资产：							
长期股权投资	16						
长期债权投资	17			非流动负债：			
固定资产原价	18			长期借款	42		
减：累计折旧	19			长期应付款	43		
固定资产账面价值	20			递延收益	44		
工程物资	21			其他非流动负债	45		
在建工程	22			非流动负债合计	46		
固定资产清理	23			负债合计	47		
生产性生物资产	24			所有者权益(或股东权益)：			
无形资产	25			实收资本（股本）	48		
开发支出	26			资本公积	49		
长期待摊费用	27			盈余公积	50		
其他非流动资产	28			未分配利润	51		
非流动资产合计	29			所有者权益(或股东权益)合计	52		
资产合计	30			负债和所有者权益（或股东权益）合计	53		

企业负责人：　　　　　　　会计机构负责人：　　　　　　　制表人：

表 4-68　手工沙盘模拟企业经营——第　　年总结

这是你们当家的第一年，感觉如何？是不是一个有收益的年度？你们的战略执行得怎么样？
将你的感想记录下来。

学会了什么？ 记录知识点：
企业经营遇到哪些问题：
下年如何改进：

第五章
体验创业者沙盘模拟企业经营

学习目标

通过本章的学习，学员应该能够：

（1）初步了解创业者沙盘。

（2）理解创业者沙盘各岗位角色。

（3）明确创业者沙盘经营目标。

（4）熟悉创业者沙盘的操作流程，明确各流程监控点。

（5）理解创业者沙盘的规则，并运用于流程中。

（6）掌握财务报表的填写，并做好相应的财务分析。

109

一、创业者电子沙盘企业模拟经营教师端操作说明

（一）系统启动

1. 启动服务

安装好系统的机器称为"服务器"。启动运行需要按照下列步骤进行：

（1）插入加密锁（USB）。

（2）双击桌面上的"电子沙盘控制台"图标（见图 5-1），启动服务。当桌面右下角出现"创业者"标志时（见图 5-2），启动完成。

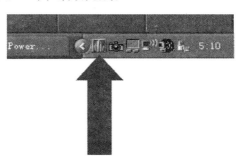

图 5-1　电子沙盘控制台　　　　　图 5-2　"创业者"标志

2. 进入系统（教师端）

进入系统需要按照下列步骤进行：

（1）打开 IE 浏览器。

（2）在地址栏输入"http://服务器地址或服务器机器名/manage/login.asp"
（见图 5-3），进入系统（教师端）。

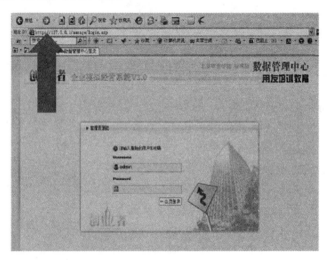

图 5-3　进入系统（教师端）

3. 进入系统（学生端）

进入系统需要按照下列步骤进行：

（1）连接局域网络或互联网。

（2）打开 IE 浏览器。

（3）在地址栏输入"http://服务器地址或服务器机器名"，进入登录窗口（见
图 5-4）。

图 5-4　进入系统（学生端）

（4）一队一个账号，支持多人同时用一个账号登录。

（二）超级用户

超级用户是系统自带的一个不可更改的管理员，用户名为 admin，密码为 admin（可修改密码）。

注意： 超级用户不能参与运行管理，运行管理必须由运行管理员操作。

教师端（后台）操作窗口如图 5-5 所示。

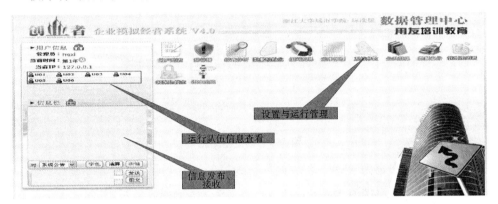

图 5-5 教师端（后台）操作窗口

1. 参数设置

更改系统（运行）参数如图 5-6 所示。

▶ 系统参数

违约扣款百分比	20	%	最大长贷年限	5	年
库存折价率(产品)	100	%	库存折价率(原料)	80	%
长期贷款利率	10	%	短期贷款利率	5	%
贷款额倍数	3	倍	初始现金(股东资本)	60	M
贴现率(1,2期)	10	%	贴现率(3,4期)	12.5	%
管理费	1	M	信息费	0	M
紧急采购倍数(原料)	2	倍	紧急采购倍数(产品)	3	倍
所得税率	25	%	最大经营年限	7	年
选单时间	40	秒	选单补时时间	25	秒
间谍有效时间	600	秒	间谍使用间隔	3 000	秒
市场老大	⊙ 有 ○ 无				

确定

图 5-6 系统参数

注意： 修改系统参数时，必须让用户（学生端）退出系统。在运行过程中，不得更改系统参数。初始化后修改参数才有效。

2. 系统初始化（分组方案）

（1）系统初始化的功能是选择分组方案，确定参训用户，并将用户名定义为U01、U02、U03……（初始密码为1）（见图5-7）。

图5-7　数据初始化

（2）用户状态设为NEW，经营时间设为第1年第1季。

（3）所有经营数据清零。

注意：初始化时必须让所有用户（学生端）退出系统。

3. 添加运行管理员

（1）必须添加至少一个运行管理员，以执行训练中的后台管理工作。

（2）单击管理员列表，添加管理员（见图5-8）。

图5-8　添加管理员

4. 数据备份和恢复（手动备份）

（1）在"备份文件"的编辑框中输入备份文件名后，点击"执行备份"按钮，备份本次训练的数据。

注意：训练记录必须备份才能存档。

（2）在"文件列表"中选择恢复的文件名后，点击"执行恢复"按钮，恢复训练数据，查询历史数据。

企 业 行 为 模 拟 ——ERP 沙盘模拟

（3）手动备份数据可以在不同服务器交换使用。

（4）备份目录为 C:\ProgramFiles\创业者\Backup。

数据备份和恢复（手动备份）如图 5-9 所示。

图 5-9　数据备份

注意：系统中只能有一套数据。

5. 数据备份和恢复（自动备份）

（1）每隔 15 分钟（可改参数）系统自动备份一次，以时间命名。

（2）如果系统运行发生意外，可恢复自动备份数据。

（3）初始化时删除所有自动备份文件。

（4）及时清理无用的自动备份文件（C:\Program Files\ 创业者\AutoBackup）。

（5）不可将自动备份文件在不同服务器之间拷贝恢复，否则数据将不全。

（三）管理员

管理员是可以进入后台进行系统运行控制的用户（教师），由 admin 添加。管理员具有以下权限：

1. 用户资源查询及基本信息与经营状态修改

管理员可以随时查询用户运行的历史进程，使用下拉滚动条，可以查看更多的资源数据（见图 5-10）。

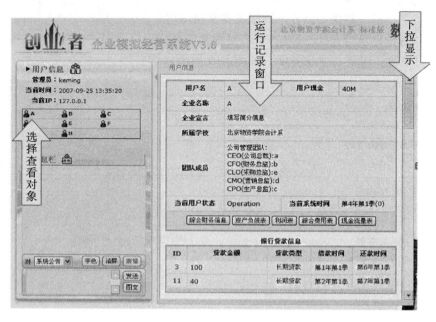

图 5-10　用户资源查询

用户双击操作区用户列表，可以打开用户列表（见图 5-11）。

ID	用户名	用户密码	现金	用户当前时间	用户状态
1	A	1	87	第8年第1季(0)	Operation
2	B	111	210	第8年第1季(0)	Operation
3	C	fy	535	第8年第1季(0)	Operation
4	D	1	66	第8年第1季(0)	Operation
5	E	123	201	第8年第1季(0)	Operation
6	F	F	35	第8年第1季(0)	Operation
7	G	gg	22	第6年第1季(0)	Bankrupt
8	H	h	50	第1年第1季(1)	Bankrupt

图 5-11　用户列表

用户单击用户名，可以查看用户基本信息，并可以修改运行状态（见图 5-11）。

为使用户能够在非正常情况下继续运作，可以在用户列表下直接点击用户名，进入用户信息查看，并可修改状态和增减现金（见图 5-12）。

第一，不参与经营用户状态一定要设为"新用户"。

第二，可以将破产用户的状态设置为"经营中"，使其继续运作。

第三，可以通过增加现金的操作，额外补充现金。增加的现金将计入当年的其他损失（增资计为负损失），但公司没有资格参加最后的评比。也可以在必要的时

企／业／行／为／模／拟——ERP沙盘模拟

候减少现金。

第四，可以将用户的经营数据还原至上次订货会结束。

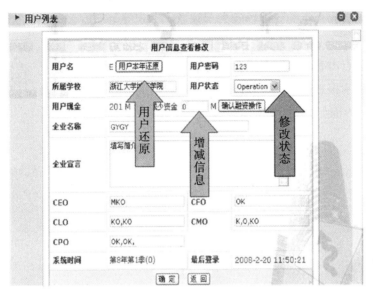

图 5-12　用户还原、增减信息与修改状态

2. 订单管理

（1）当所有用户广告投放完毕，可以开单。

（2）如有用户不参加选单，可以将其状态设为"新用户"或"破产"，即可开单。投了广告的用户必须参加选单，如果投了广告后设成"破产"则无法开单。

订单管理界面如图 5-13 所示。

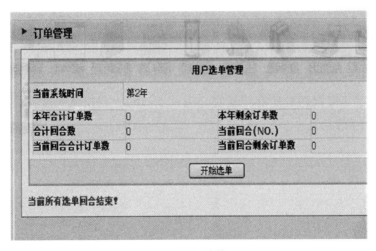

图 5-13　订单管理

注意：选单中不要退出管理员窗口，可查看选单情况。选单结束后，退出本窗口。

3. 公共信息与信息发布

（1）可以选择年份后提交，获得该年度各公司权益情况（各公司提交报表后）。

（2）可以查看当年的各市场老大（注意：一定要等所有公司都提交完当年的报表后有效）。

（3）可以点击查看本年集成各队的报表及本年的广告投放。

（4）在展示报表窗口，可以通过将报表转换成 Excel 表输出。

公共信息界面如图 5-14 所示。

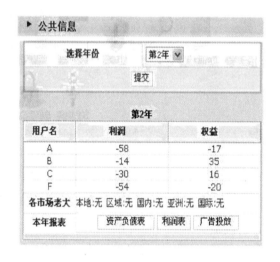

图 5-14　公共信息

（5）可以用系统公告向所有公司发布信息，也可选择某一公司，单独向该公司发布信息。

（6）可以用快捷键"CTRL+ENTER"发信息。

（7）信息可以是图文、表情、文字。

（8）选择年度报表的所有项复制（见图 5-15），获得该年度各公司权益情况（各公司提交报表后）。

用户名	A	B	C	D	E	F	G	H
现金	32	23	49	83	50	32	17	35
应收款	0	0	0	0	0	0	0	0
在制品	0	0	0	2	4	4	6	4
产成品	0	0	0	0	0	0	0	0
原料	3	2	0	0	0	1	4	6
流动资产合计	35	25	49	85	54	37	27	45
厂房	40	0	40	0	0	0	40	40
机器设备	0	0	0	10	30	25	25	35
在建工程	60	45	65	50	40	20	15	20
固定资产合计	100	45	105	60	70	45	80	95
资产总计	135	70	154	145	124	82	107	140
长期负债	100	40	100	120	100	50	80	110
短期负债	0	0	20	0	0	0	0	0
所得税	0	0	0	0	0	0	0	0
负债合计	100	40	120	120	100	50	80	110
股东资产	50	50	50	50	50	50	50	50
利润留存	0	0	0	0	0	0	0	0
年度净利	-15	-20	-16	-25	-26	-18	-23	-20
所有者权益合计	35	30	34	25	24	32	27	30
负债和所有者权益总计	135	70	154	145	124	82	107	140

图 5-15 选择年度报表的所有项

（9）点击信息发布的图文按钮，将年度报表粘贴到图文编辑窗口。

（10）点击窗口下方的"确认提交"按钮完成发送（见图5-16）。

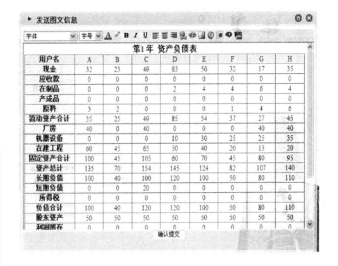

图 5-16 发送图文信息

4. 训练排名

（1）点击"排行榜"图标，进入排名查询。

其中，双击得分可以排序，排名得分由系统综合当年的权益和生产能力计算得出。

（2）总分＝最终权益×（1+A/100）-罚分。

（3）综合得分 A 为表 5-1 中各项得分分数之和。

表 5-1　　　　综合得分　　　单位：M

项目	得分
手工生产线	+5/条
半自动生产线	+7/条
全自动/柔性线	+10/条
区域市场开发	10
国内市场开发	10
亚洲市场开发	10
国际市场开发	10
ISO9000	10
ISO14000	10
P1 产品开发	10
P2 产品开发	10
P3 产品开发	10
P4 产品开发	10

罚分可由裁判预先设定（包括报表准确性、关账是否及时、广告投放是否及时、盘面与系统数据是否一致、是否有影响比赛的不良行为）。

5. 经营分析

第一，点击"经营分析"图标，进入分析选择。

第二，可选择销售分析、成本效益分析、财务指标分析查看结果图形（见图 5-17）。

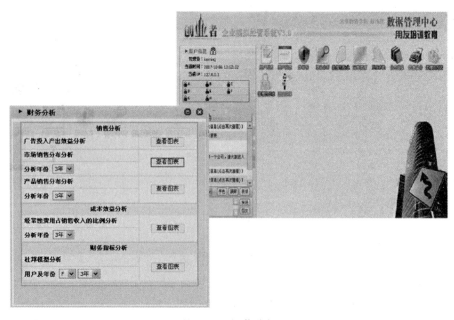

图 5-17　经营分析

（1）市场销售分布分析，比较各公司在各市场中的销售份额（见图5-18）。

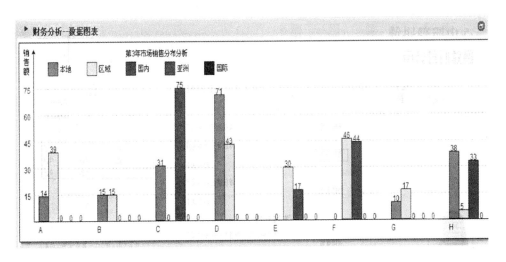

图5-18　市场销售分布分析

（2）产品销售分布分析，比较各公司各产品的销售份额（见图5-19）。

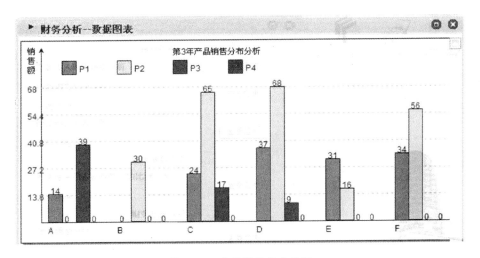

图5-19　产品销售分布分析

（3）经常性费用占销售收入的比例分析，比较各公司各项成本占销售额的比例（见图5-20）。

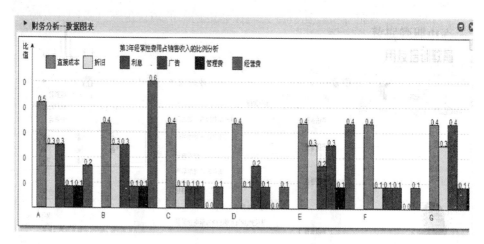

图 5-20　经常性费用占销售收入的比例分析

（4）杜邦模型分析（见图 5-21）。

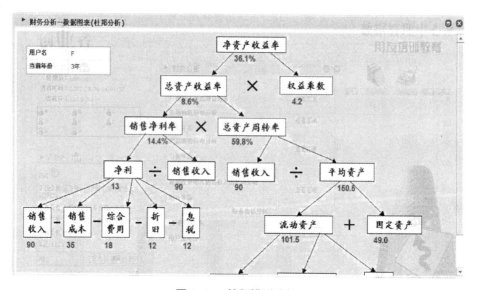

图 5-21　杜邦模型分析

6. 组间交易

（1）出货方（卖方）账务处理视同销售，入货方（买方）账务处理视同紧急采购。

（2）组间交易只允许现金交易，并且只能交易产成品（P1、P2、P3、P4）。

（3）管理员需要判断双方系统时间是否符合逻辑（系统要求必须为同一年份），是否存在合谋。

组间交易界面如图 5-22 所示。

企业行为模拟——ERP 沙盘模拟

图 5-22 组间交易

二、创业者电子沙盘企业模拟经营学生端操作说明

（一）登录系统

1. 进入系统

进入系统需要按照下列步骤进行：

（1）打开 IE 浏览器。

（2）在地址栏输入"http://服务器地址或服务器机器名"，进入创业者系统。

（3）点击创业者图标，进入学生端登录窗口。

（4）用户名为公司代码 U01、U02、U03 等，首次登录的初始密码为"1"（见图 5-23）。

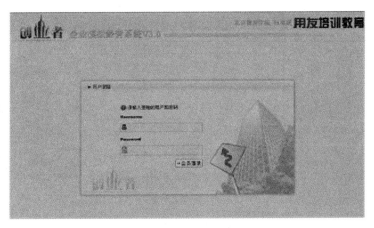

图 5-23 进入系统

2. 首次登录填写信息

（1）只有第一次登录需要填写。

（2）公司名称和所属学校必填。各职位人员姓名（如有多人，可以在一个职位中输入两个以上的人员姓名）必填。登记确认后不可更改。

（3）重设密码（见图 5-24）。

图 5-24 首次登录填写信息

窗口操作如图 5-25 所示。

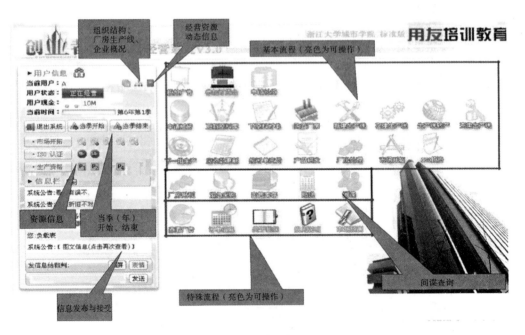

图 5-25 窗口操作

手工操作流程和系统操作流程如表 5-2 所示。

表 5-2　手工操作流程和系统操作流程

时间	手工操作流程	系统操作流程
年初	新年度规划会议	
	广告投放	输入广告费确认
	参加订货会选订单/登记订单	选单
	支付应付税	系统自动
	支付长期贷款利息	系统自动
	更新长期贷款/长期贷款还款	系统自动
	申请长期贷款	输入贷款数额并确认
1	季初盘点（请填余额）	产品下线，生产线完工（自动）
2	更新短期贷款/短期贷款还本付息	系统自动
3	申请短期贷款	输入贷款数额并确认
4	原材料入库/更新原料订单	需要确认金额
5	下原料订单	输入并确认
6	购买/租用——厂房	选择并确认，自动扣现金
7	更新生产/完工入库	系统自动
8	新建/在建/转产/变卖——生产线	选择并确认
9	紧急采购（随时进行）	随时进行输入并确认
10	开始下一批生产	选择并确认
11	更新应收款/应收款收现	需要输入到期金额
12	按订单交货	选择交货订单确认
13	产品研发投资	选择并确认
14	厂房——出售（买转租）/退租/租转买	选择确认，自动转应收款
15	新市场开拓/ISO 资格投资	仅第四季度允许操作
16	支付管理费/更新厂房租金	系统自动
17	出售库存	输入并确认（随时进行）
18	厂房贴现	随时进行
19	应收款贴现	输入并确认（随时进行）
20	季末收入合计	
21	季末支出合计	
22	季末数额对账〔（1）+（20）－（21）〕	

表5-2(续)

时间	手工操作流程	系统操作流程
年末	缴纳违约订单罚款	系统自动
	支付设备维护费	系统自动
	计提折旧	系统自动
	新市场/ISO 资格换证	系统自动
	结账	

(二) 流程运行任务

系统中的操作分为基本流程操作和特殊流程操作。基本流程操作要求按照一定的顺序依次执行，不允许改变其执行的顺序。

1. 年初任务

（1）投放广告。

①没有获得任何市场准入证时不能投放广告（系统认为其投放金额只能为0）。

②在投放广告窗口中，市场名称为红色表示尚未开发完成，不能投放广告。

③完成所有市场产品投放后，选择"确认投放"退出，退出后不能返回更改。

④投放完成后，可以通过广告查询，查看已经完成投放广告的其他公司广告投放情况。

⑤广告投放确认后，长期贷款本息及税金同时被自动扣除（见图 5-26）。

图 5-26　投放广告

（2）选单顺序规则。系统自动依据以下规则确定选单顺序：

①上一年市场销售第一名（无违约）为市场老大，优先选单；若有多队销售并

列第一则市场老大由系统随机决定，可能为其中某队，也可能无市场老大。

②本市场本产品广告额。

③本市场广告总额。

④本市场上一年销售排名。

⑤仍不能判定，先投广告者先选。

注意：投 1M 广告有一次选单机会，此后每增加 2M，就多一次选单机会。

（3）选单。

①选单权限系统自动传递；

②有权限队伍必须在倒计时以内选单，否则系统视为放弃本回合（单击选择某订单但未确认，倒计时仍在进行，但屏幕显示倒计时停止）。

③不可选订单显示为红色。

④系统自动判定是否有 ISO 资格。

⑤可放弃本回合选单，但仍可以查看其他队选单情况（见图 5-27）。

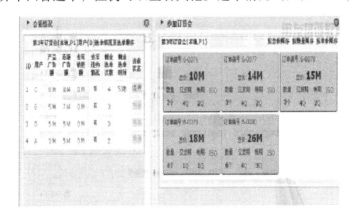

图 5-27　选单

系统中，将某市场某产品的选单过程称为回合（最多 20 回合），每回合选单可能有若干轮。每轮选单中，各队按照排定的顺序，依次选单，但只能选一张订单。当所有队都选完一轮后，若再有订单，开始进行第二轮选单，各队行使第二次选单机会。以此类推，直到所有订单被选完或所有队退出选单为止，本回合结束。

当轮到某一公司选单时，"系统"以倒计时的形式，给出本次选单的剩余时间。每次选单的时间上限为系统设置的选单时间，即在规定的时间内必须做出选择（选择订单或选择放弃），否则系统自动视为放弃选择订单。无论是主动放弃还是超时系统放弃，都将视为退出本回合的选单。

必须在倒计时大于 10 秒时选单，出现确认框要在 3 秒内按下确认按钮，否则可能造成选单无效。

（4）申请长期贷款。

①选单结束后直接操作，一年只此一次，然后再按"当季开始"按钮。

②不能超出最大贷款额度。

③可以选择贷款年限，确认后不能更改。

④贷款额为 10M 的倍数。

申请长期贷款如图 5-28 所示。

图 5-28 申请长期贷款

（5）任务启动与结束。

①每季度经营开始及结束需要确认当季开始、当季（年）结束，第四季度显示为当年结束。

②请注意操作权限，亮色按钮为可操作权限。

③如破产则无法继续经营，自动退出系统，可联系裁判。

④现金不够请紧急融资（出售库存、贴现、厂房贴现）。

⑤更新原料库和更新应收款为每季度必走流程。

⑥操作顺序并无严格要求，但建议按流程走。

⑦选择操作请双击（见图 5-29）。

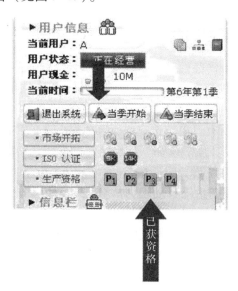

图 5-29 任务启动与结束

当季开始操作如下：

第一，选单结束或长期贷款后当季开始。

第二，开始新一季经营需要当季开始。

第三，系统自动扣除短期贷款本息。

第四，系统自动完成更新生产、产品入库以及转产操作（见图5-30）。

图5-30　当季开始

当季结束操作如下：

第一，一个季度经营完成需要当季结束确认。

第二，系统自动扣管理费（1M/季）及租金并且检测产品开发完成情况（见图5-31）。

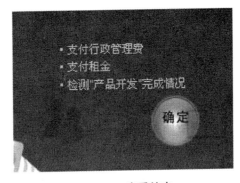

图5-31　当季结束

2. 季度任务

（1）申请短期贷款。

①一个季度只能操作一次。

②申请额为20M的倍数。

③长期贷款和短期贷款总额（已贷+欲贷）不可超过上一年权益规定的倍数。

申请短期贷款如图5-32所示。

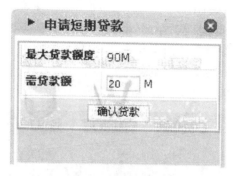

图 5-32　申请短期贷款

（2）原材料入库/更新原材料订单。

①系统自动提示需要支付的现金（不可更改）。

②只需要选择"确认更新"即可。

③系统自动扣减现金。

④确认更新后，后续的操作权限方可开启（下原料订单到更新应收款），前面操作权限关闭。

⑤一个季度只能操作一次。

原材料入库/更新原料订单如图 5-33 所示。

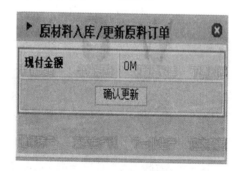

图 5-33　原材料入库/更新原料订单

（3）下原料订单。

①输入所有需要的原料数量，然后单击"确认订购"按钮，一个季度只能操作一次。

②确认订购后不可退订。

③可以不下原料订单。

下原料订单如图 5-34 所示。

企 业 行 为 模 拟 ——ERP 沙盘模拟

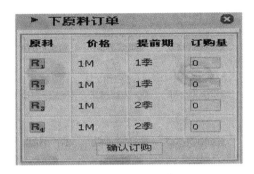

图 5-34 下原料订单

（4）购置厂房。

①厂房可买可租。

②最多只能使用一大一小两个厂房。

③生产线不能在不同厂房移动。

购置厂房（买/租新厂房）如图 5-35 所示。

图 5-35 ［买/租］新厂房

（5）新建生产线投资。

①选择厂房、生产线类型、生产产品类型。

②在查询窗口查询。

③一个季度可以操作多次，直至生产位铺满。

新建生产线投资如图 5-36 所示。

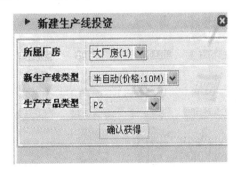

图 5-36 新建生产线投资

（6）在建生产线投资。

①系统自动列出投资未完成生产线。

②复选需要继续投资的生产线。

③可以不选在建生产线。

④一个季度只可以操作一次。

在建生产线投资如图5-37所示。

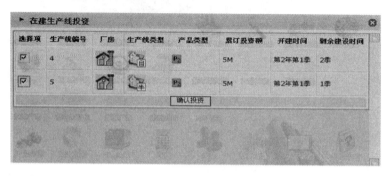

图5-37　在建生产线投资

（7）生产线转产。

①系统自动列出符合转产要求生产线（建成且没有在产品的生产线）。

②单选一条生产线，并选择转产的生产产品。

③可以进行多次操作。

生产线转产如图5-38所示。

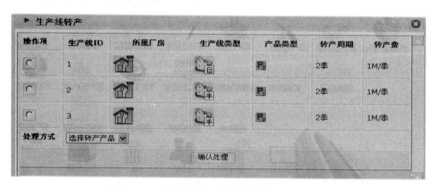

图5-38　生产线转产

（8）变卖生产线。

①系统自动列出可变卖生产线（建成后没有在制品的空置生产线，转产中生产线也可以变卖）。

②单选操作生产线后，单击"确认变卖"按钮。

③可以重复操作，也可以放弃操作。

④变卖后，从价值中按残值收回现金，高于残值的部分计入当年费用的损失

项目。

变卖生产线如图 5-39 所示。

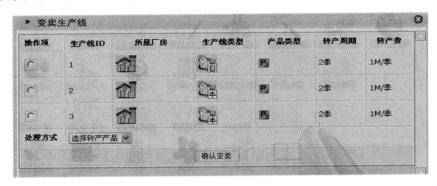

图 5-39　变卖生产线

（9）开始下一批生产。

①系统自动列出可以进行生产的生产线。

②自动检测原料、生产资格、加工费。

③依次单击"开始生产"按钮，可以停产。

④系统自动扣除原料及加工费。

开始下一批生产如图 5-40 所示。

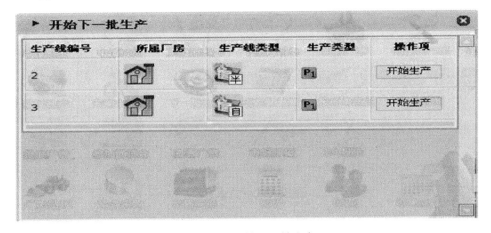

图 5-40　开始下一批生产

（10）应收款更新。

①不提示本期到期的应收款。

②需要自行填入到期应收款的金额，多填不允许操作，少填则按实际填写的金额收现，少收部分转入下一期应收款。

③前面的各项操作权限关闭（不能返回以前的操作任务），并开启以后的操作任务，即按订单交货、产品开发、厂房处理权限。

131

应收款更新如图 5-41 所示。

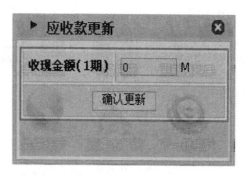

图 5-41　应收款更新

(11) 按订单交货。

①系统自动列出当年未交订单。

②自动检测成品库存是否足够，交单时间是否过期。

③单击"确认交货"按钮，系统自动增加应收款或现金。

④超过交货期则不能交货，系统收回违约订单，并在年底扣除违约金（列支在损失项目中）。

按订单交货如图 5-42 所示。

图 5-42　按订单交货

(12) 产品研发投资。

①复选操作，需要同时选定要开发的所有产品，一个季度只允许一次。

②单击"确认投资"按钮，确认并退出本窗口。一旦退出，则本季度不能再次进入。

③当季结束系统检测开发是否完成。

产品研发投资如图 5-43 所示。

图 5-43 产品研发投资

（13）厂房处理。

①如果拥有厂房且无生产线，可以卖出，增加 4Q 应收款，并删除厂房。

②如果拥有厂房但有生产线，卖出后增加 4Q 应收款，自动转租，并扣除当年租金，记下租入时间。

③租入厂房如果离上次支付租金满一年，可以转为购买（租转买），并立即扣除现金；如果无生产线，可以退租删除厂房。

④租入厂房如果离上次支付租金满一年，如果不执行本操作，视为续租，并在当季结束时自动扣下一年租金。

厂房处理如图 5-44 所示。

图 5-44 厂房处理

3. 年末任务

（1）市场开拓投资。

①复选操作选择所有要开发的市场，然后单击"确认投资"按钮。

②只有第四季度可以操作一次。

③第四季度结束系统自动检测市场开拓是否完成。

市场开拓投资如图 5-45 所示。

图 5-45　市场开拓投资

（2）ISO 认证投资。

①复选操作选择所有的 ISO，然后单击"确认投资"按钮。

②只有第四季度可以操作一次。

③第四季度结束系统自动检测 ISO 是否完成。

ISO 认证投资如图 5-46 所示。

图 5-46　ISO 认证投资

（3）当年结束。

①第四季度经营结束，则需要当年结束，确认一年经营完成。

②系统自动完成如图 5-47 所示任务，并在后台生成报表。

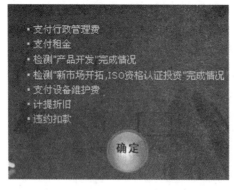

图 5-47　系统自动完成（当年结束）

（三）特殊运行任务

特殊运行任务是不受正常流程运行顺序的限制，当需要时就可以操作的任务。此类操作分为两类：第一类为运行类操作。该类操作改变企业资源的状态，如固定资产变为流动资产等。第二类为查询类操作。该类操作不改变任何资源状态，只是查询资源情况。

1. 厂房贴现

（1）任意时间都可以操作。

（2）将厂房卖出，获得现金。

（3）如果无生产线，厂房原值售出后，所有售价按四个季度应收款全部贴现。

（4）如果有生产线，除按售价贴现外，还要再扣除租金。

（5）系统自动全部贴现，不允许部分贴现。

厂房贴现如图 5-48 所示。

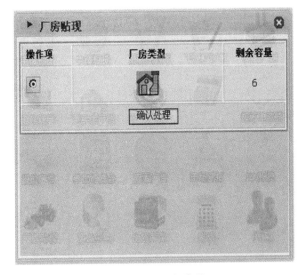

图 5-48　厂房贴现

2. 紧急采购

（1）可以在任意时间操作。

（2）单选需要购买的原料或产品，填写购买数量后确认订购。

（3）原料及产品的价格列示在右侧栏中。

（4）立即扣款到货。

（5）购买的原料和产品均按照标准价格计算，高于标准价格的部分，计入损失项目。

紧急采购如图 5-49 所示。

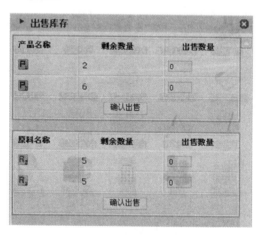

图 5-49 紧急采购

3. 出售库存

（1）可以在任意时间操作。

（2）填入售出原料或产品的数量，然后确认出售。

（3）原料、成品按照系统设置的折扣率回收现金。

（4）售出后的损失部分计入费用的损失项目。

（5）所取现金向下取整。

出售库存如图 5-50 所示。

图 5-50 出售库存

4. 贴现

（1）第一季度和第二季度与第三季度和第四季度分开。

（2）第一季度和第二季度（第三季度和第四季度）应收款加总贴现。

（3）贴现可以在任意时间操作。

（4）贴现次数不限。

（5）填入贴现额应小于或等于应收款。

（6）输入贴现额乘对应贴现率，求得贴现费用（向上取整），贴现费用计入财务支出，其他部分增加现金。

贴现如图 5-51 所示。

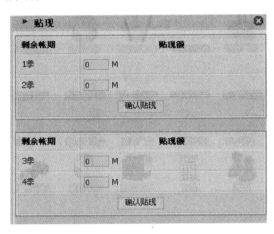

图 5-51　贴现

5. 商业情报收集（企业间谍）

（1）任意时间都可以操作；可以查看任意一家企业信息，查看总时间为 10 分钟（可变参数），第二次查看必须在 50 分钟后（可变参数）；需要缴纳一定费用或免费（由裁判设定）。

（2）可以查看厂房、生产线、市场开拓、ISO 认证、产品研发情况。

商业情报收集（企业间谍）如图 5-52 所示。

 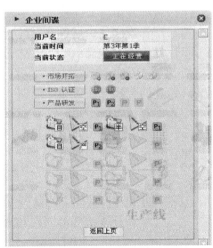

图 5-52　商业情报收集（企业间谍）

6. 订单信息

（1）任意时间都可以操作。

（2）可以查看所有订单信息及状态。

订单信息如图 5-53 所示。

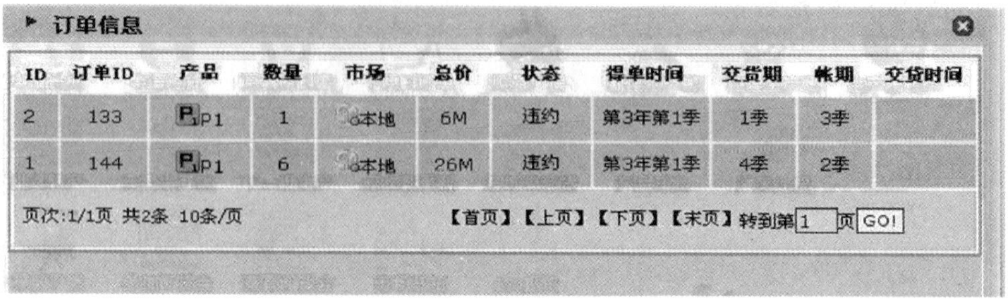

ID	订单ID	产品	数量	市场	总价	状态	得单时间	交货期	帐期	交货时间
2	133	P1	1	本地	6M	违约	第3年第1季	1季	3季	
1	144	P1	6	本地	26M	违约	第3年第1季	4季	2季	

页次:1/1页 共2条 10条/页　　　　【首页】【上页】【下页】【末页】转到第 1 页 GO!

图 5-53　订单信息

7. 破产检测

（1）广告投放完毕、当季开始、当季（年）结束、更新原料库等，系统自动检测已有现金加上最大贴现及出售所有库存与厂房贴现，是否足够本次支出。如果不够，则破产退出系统。如需继续经营，联系管理员（教师）进行处理。

（2）当年结束，若权益为负，则破产退出系统。如需继续经营，联系管理员（教师）进行处理。

8. 其他

（1）需要付现操作系统均会自动检测，如不够，则无法进行下去。

（2）请注意更新原料库及更新应收款两个操作，其是其他操作之开关。

（3）对操作顺序并无严格要求，但建议按顺序操作。

（4）可通过 IM 与管理员（教师）联系。

（5）市场开拓与 ISO 投资仅第四季度可以操作。

（6）广告投放完，通过查看广告知道其他企业广告投放情况。

（7）操作中发生显示不当，立即按 F5 刷新或退出重登。

9. 出现小数处理规则

（1）违约金扣除——向下取整。

（2）库存拍卖所得现金——向下取整。

（3）贴现费用——向上取整。

（4）扣税——向下取整。

三、创业者沙盘模拟经营过程记录

（非会计专业可参照利润表、资产负债表简化报表处理账务）

相关资料参见表 5-3 至表 5-62。

表5-3　预算表——第一年

项目	1	2	3	4
期初库存现金				
支付上年应交税				
支付长期贷款利息费				
支付长期贷款到期本金				
支付市场广告费				
贴现费用				
支付短期贷款利息费				
支付到期短期贷款本金				
支付原材料货款				
转产费用				
购买新建筑				
租金				
生产线投资				
工人工资（加工费）				
产品研发投资				
收到现金前的所有支出				
应收款到期				
支付管理费用				
设备维护费用				
市场开拓投资				
ISO 认证投资				
其他				
库存现金余额				

要点记录

第一季度：

第二季度：

第三季度：

第四季度：

年底小结：

表 5-4　用户　　　　　　第＿＿＿年经营

操作顺序	请按顺序执行下列各项操作。各总监在方格中填写原材料采购/在制品/产品出库及入库情况。其中：入库数量为"+"，出库数量为"-"。季末入库合计为"+"数据相加，季末出库合计为"-"数据相加。				
年初	现金结余				
	新年度规划会议				
	参加订货会/登记销售订单				
	制订新年度计划				
	支付应付企业所得税				
	支付长贷利息				
	更新长期贷款/长期贷款还款				
	申请长期贷款				

	盘点	一季度	二季度	三季度	四季度
1	原材料数量结余				
2	在制品数量结余				
3	产成品数量结余				
4	现金结余				
5	更新短期贷款/短期贷款还本付息				
6	更新生产/完工入库(填写产成品名称)				
7	申请短期贷款				
8	原材料入库/更新原料订单(填写原料名称)				
9	支付材料款				
10	下原料订单(填写预定的原料名称)				
11	购买/租用——厂房				
12	新建/在建/转产/变卖——生产线				
13	紧急采购原料/产品(随时进行)				
14	开始下一批生产(支付原材料,填写原料名称)				
15	开始下一批生产(支付加工费)				
16	更新应收款/应收款收现				
17	按订单交货(交货填写产品名称)				
18	产品研发投资				
19	厂房——出售(卖转租)/退租/租转买				
20	新市场开拓/ISO 资格投资				
21	支付管理费/支付续租厂房的租金				
22	出售库存(随时操作)				
23	厂房贴现(随时操作)				
24	应收款贴现(随时操作)				
25	组间交易(产成品、随时操作)				
年末	缴纳违约订单罚款				
	支付设备维护费				
	计提折旧(现金不减少)				
	结账				
26	季末现金收入合计				
27	季末现金支出合计				
28	季末现金结余[4 项+26 项-27 项]				
29	季末原材料数量结余[1 项+8 项-14 项]				
30	季末在制品数量结余[2 项-6 项+(14+15)项]				
31	季末产成品数量结余[3 项+6 项-17 项]				

企业行为模拟——ERP 沙盘模拟

表 5-5　订单登记表

订单号								合计
市场								
产品								
数量								
账期								
销售额								
成本								
毛利								
未售								

表 5-6　简化报表——综合费用表

项目	金额
管理费	
广告费	
设备维护费	
损失（其他）	
转产费	
厂房租金	
新市场开拓	
ISO 资格认证	
产品研发	
信息费	
合计	

注：库存折价拍卖、生产线变卖、紧急采购、订单违约记入损失。

表 5-7　简化报表——利润表

项目	金额
销售收入	
直接成本	
毛利	
综合费用	
折旧前利润	
折旧	
支付利息前利润	
财务费用	

表5-7（续）

项目	金额
税前利润	
所得税	
年度净利润	

表 5-8　简化报表——资产负债表

项目	金额	项目	金额
现金		长期负债	
应收款		短期负债	
在制品		应交所得税	
产成品		特别贷款	
原材料			
流动资产合计		负债合计	
厂房		股东资本	
生产线		利润留存	
在建工程		年度净利	
固定资产合计		所有者权益合计	
资产总计		负债和所有者权益总计	

表 5-9　综合管理费用明细表

项目	金额	备注
管理费		
广告费		
保养费/维护费		
租金		
转产费		
市场准入开拓		□区域　□国内　□亚洲　□国际
ISO 资格认证		□ISO9000　□ISO14000
产品研发		P2（　）　P3（　）　P4（　）
折旧		
其他		
合计		

注：为了简化会计核算，将管理费、维护费、租金、转产费、折旧计入管理费用，将广告费、市场准入开拓、ISO 资格认证、产品研发计入销售费用，将利息、贴现息计入财务费用，将库存变卖损失、变卖生产线损失、违约损失合计计入其他，将入账计入营业外支出。

表5-10 利润表（适用于执行《小企业会计准则》的企业）

纳税人名称：

纳税人识别号： 税款所属期间： 至 单位：M

项目	本月数	本年累计数
一、营业收入		
减：营业成本		
税金及附加		
销售费用		
其中：广告费		
市场准入开拓费		
ISO资格认证费		
产品研发费		
管理费用		
其中：管理费		
维护费		
租金		
转产费		
折旧费		
财务费用		
其中：长期贷款利息		
短期贷款利息		
贴现利息		
加：投资收益（损失以"–"号填列）		
二、营业利润（亏损以"–"号填列）		
加：营业外收入		
减：营业外支出		
三、利润总额		
减：所得税		
四、净利润		

注：所得税小数点四舍五入。

表 5-11 资产负债表（适用于执行《小企业会计准则》的企业）

纳税人名称：

纳税人识别号：　　　　　　　　税款所属期间：　　　至　　　　　　　　单位：M

资产	行次	年初数	期末数	负债和所有者权益	行次	年初数	期末数
流动资产：				流动负债：			
货币资金	1			短期借款	31		
短期投资	2			应付票据	32		
应收票据	3			应付账款	33		
应收账款	4			预付账款	34		
预付账款	5			应付职工薪酬	35		
应收股利	6			应交税费	36		
应收利息	7			应付利息	37		
其他应收款	8			应付利润	38		
存货	9			其他应付款	39		
其中：原材料	10			其他流动负债	40		
在产品	11			流动负债合计	41		
库存商品	12						
周转材料	13						
其他流动资产	14						
流动资产合计	15						
非流动资产：							
长期股权投资	16						
长期债权投资	17			非流动负债：			
固定资产原价	18			长期借款	42		
减：累计折旧	19			长期应付款	43		
固定资产账面价值	20			递延收益	44		
工程物资	21			其他非流动负债	45		
在建工程	22			非流动负债合计	46		
固定资产清理	23			负债合计	47		
生产性生物资产	24			所有者权益(或股东权益)：			
无形资产	25			实收资本（股本）	48		
开发支出	26			资本公积	49		
长期待摊费用	27			盈余公积	50		
其他非流动资产	28			未分配利润	51		
非流动资产合计	29			所有者权益(或股东权益)合计	52		
资产合计	30			负债和所有者权益（或股东权益）合计	53		

企业负责人：　　　　　　　　会计机构负责人：　　　　　　　　制表人：

表 5-12　手工沙盘模拟企业经营——第　　年总结

这是你们当家的第一年，感觉如何？是不是一个有收益的年度？你们的战略执行得怎么样？将你的感想记录下来。

学会了什么？

记录知识点：

企业经营遇到哪些问题：

下年如何改进：

表 5-13　预算表——第二年

项目	1	2	3	4
期初库存现金				
支付上年应交税				
支付长期贷款利息费				
支付长期贷款到期本金				
支付市场广告费				
贴现费用				
支付短期贷款利息费				
支付到期短期贷款本金				
支付原材料货款				
转产费用				
购买新建筑				
租金				
生产线投资				
工人工资（加工费）				
产品研发投资				
收到现金前的所有支出				
应收款到期				
支付管理费用				
设备维护费用				
市场开拓投资				
ISO 认证投资				
其他				
库存现金余额				

要点记录

第一季度：

第二季度：

第三季度：

第四季度：

年底小结：

表 5-14　用户　　　　　　　第＿＿年经营

操作顺序		请按顺序执行下列各项操作。各总监在方格中填写原材料采购/在制品/产品出库及入库情况。其中：入库数量为"+"，出库数量为"-"。季末入库合计为"+"数据相加，季末出库合计为"-"数据相加。																
年初	现金结余																	
	新年度规划会议																	
	参加订货会/登记销售订单																	
	制订新年度计划																	
	支付应付企业所得税																	
	支付长贷利息																	
	更新长期贷款/长期贷款还款																	
	申请长期贷款																	
	盘点	一季度			二季度			三季度			四季度							
1	原材料数量结余																	
2	在制品数量结余																	
3	产成品数量结余																	
4	现金结余																	
5	更新短期贷款/短期贷款还本付息																	
6	更新生产/完工入库(填写产成品名称)																	
7	申请短期贷款																	
8	原材料入库/更新原料订单(填写原料名称)																	
9	支付材料款																	
10	下原料订单(填写预定的原料名称)																	
11	购买/租用——厂房																	
12	新建/在建/转产/变卖——生产线																	
13	紧急采购原料/产品(随时进行)																	
14	开始下一批生产(支付原材料,填写原料名称)																	
15	开始下一批生产(支付加工费)																	
16	更新应收款/应收款收现																	
17	按订单交货(交货填写产品名称)																	
18	产品研发投资																	
19	厂房——出售(卖转租)/退租/租转买																	
20	新市场开拓/ISO 资格投资																	
21	支付管理费/支付续租厂房的租金																	
22	出售库存(随时操作)																	
23	厂房贴现(随时操作)																	
24	应收款贴现(随时操作)																	
25	组间交易(产成品、随时操作)																	
年末	缴纳违约订单罚款																	
	支付设备维护费																	
	计提折旧(现金不减少)																	
	结账																	
26	季末现金收入合计																	
27	季末现金支出合计																	
28	季末现金结余[4 项+26 项-27 项]																	
29	季末原材料数量结余[1 项+8 项-14 项]																	
30	季末在制品数量结余[2 项-6 项+(14+15)项]																	
31	季末产成品数量结余[3 项+6 项-17 项]																	

表 5-15   订单登记表

订单号								合计
市场								
产品								
数量								
账期								
销售额								
成本								
毛利								
未售								

表 5-16   简化报表——综合费用表

项目	金额
管理费	
广告费	
设备维护费	
损失（其他）	
转产费	
厂房租金	
新市场开拓	
ISO 资格认证	
产品研发	
信息费	
合计	

注：库存折价拍卖、生产线变卖、紧急采购、订单违约记入损失。

表 5-17   简化报表——利润表

项目	金额
销售收入	
直接成本	
毛利	
综合费用	
折旧前利润	
折旧	
支付利息前利润	
财务费用	

表5-17（续）

项目	金额
税前利润	
所得税	
年度净利润	

表 5-18 简化报表——资产负债表

项目	金额	项目	金额
现金		长期负债	
应收款		短期负债	
在制品		应交所得税	
产成品		特别贷款	
原材料			
流动资产合计		负债合计	
厂房		股东资本	
生产线		利润留存	
在建工程		年度净利	
固定资产合计		所有者权益合计	
资产总计		负债和所有者权益总计	

表 5-19 综合管理费用明细表

项目	金额	备注
管理费		
广告费		
保养费/维护费		
租金		
转产费		
市场准入开拓		□区域 □国内 □亚洲 □国际
ISO 资格认证		□ISO9000 □ISO14000
产品研发		P2（ ） P3（ ） P4（ ）
折旧		
其他		
合计		

注：为了简化会计核算，将管理费、维护费、租金、转产费、折旧计入管理费用，将广告费、市场准入开拓、ISO 资格认证、产品研发计入销售费用，将利息、贴现息计入财务费用，将库存变卖损失、变卖生产线损失、违约损失合计计入其他，将入账计入营业外支出。

表 5-20　利润表（适用于执行《小企业会计准则》的企业）

纳税人名称：

纳税人识别号：　　　　　　　　税款所属期间：　　　至　　　　　　　　单位：M

项目	本月数	本年累计数
一、营业收入		
减：营业成本		
税金及附加		
销售费用		
其中：广告费		
市场准入开拓费		
ISO 资格认证费		
产品研发费		
管理费用		
其中：管理费		
维护费		
租金		
转产费		
折旧费		
财务费用		
其中：长期贷款利息		
短期贷款利息		
贴现利息		
加：投资收益（损失以"-"号填列）		
二、营业利润（亏损以"-"号填列）		
加：营业外收入		
减：营业外支出		
三、利润总额		
减：所得税		
四、净利润		

注：所得税小数点四舍五入。

表 5-21 资产负债表（适用于执行《小企业会计准则》的企业）

纳税人名称：

纳税人识别号： 税款所属期间： 至 单位：M

资产	行次	年初数	期末数	负债和所有者权益	行次	年初数	期末数
流动资产：				流动负债：			
货币资金	1			短期借款	31		
短期投资	2			应付票据	32		
应收票据	3			应付账款	33		
应收账款	4			预付账款	34		
预付账款	5			应付职工薪酬	35		
应收股利	6			应交税费	36		
应收利息	7			应付利息	37		
其他应收款	8			应付利润	38		
存货	9			其他应付款	39		
其中：原材料	10			其他流动负债	40		
在产品	11			流动负债合计	41		
库存商品	12						
周转材料	13						
其他流动资产	14						
流动资产合计	15						
非流动资产：							
长期股权投资	16						
长期债权投资	17			非流动负债：			
固定资产原价	18			长期借款	42		
减：累计折旧	19			长期应付款	43		
固定资产账面价值	20			递延收益	44		
工程物资	21			其他非流动负债	45		
在建工程	22			非流动负债合计	46		
固定资产清理	23			负债合计	47		
生产性生物资产	24			所有者权益（或股东权益）：			
无形资产	25			实收资本（股本）	48		
开发支出	26			资本公积	49		
长期待摊费用	27			盈余公积	50		
其他非流动资产	28			未分配利润	51		
非流动资产合计	29			所有者权益（或股东权益）合计	52		
资产合计	30			负债和所有者权益（或股东权益）合计	53		

企业负责人： 会计机构负责人： 制表人：

表 5-22　手工沙盘模拟企业经营——第　　年总结

这是你们当家的第一年，感觉如何？是不是一个有收益的年度？你们的战略执行得怎么样？将你的感想记录下来。

学会了什么？ 记录知识点：
企业经营遇到哪些问题：
下年如何改进：

企／业／行／为／模／拟——ERP 沙盘模拟

表 5-23　预算表——第三年

项目	1	2	3	4
期初库存现金				
支付上年应交税				
支付长期贷款利息费				
支付长期贷款到期本金				
支付市场广告费				
贴现费用				
支付短期贷款利息费				
支付到期短期贷款本金				
支付原材料货款				
转产费用				
购买新建筑				
租金				
生产线投资				
工人工资（加工费）				
产品研发投资				
收到现金前的所有支出				
应收款到期				
支付管理费用				
设备维护费用				
市场开拓投资				
ISO 认证投资				
其他				
库存现金余额				

要点记录

第一季度：

第二季度：

第三季度：

第四季度：

年底小结：

153

表 5-24　用户　　　　　　第＿＿年经营

<table>
<tr><td rowspan="9">操作顺序</td><td colspan="2">请按顺序执行下列各项操作。各总监在方格中填写原材料采购/在制品/产品出库及入库情况。其中：入库数量为"+"，出库数量为"-"。季末入库合计为"+"数据相加，季末出库合计为"-"数据相加。</td></tr>
<tr><td rowspan="8">年初</td><td>现金结余</td></tr>
<tr><td>新年度规划会议</td></tr>
<tr><td>参加订货会/登记销售订单</td></tr>
<tr><td>制订新年度计划</td></tr>
<tr><td>支付应付企业所得税</td></tr>
<tr><td>支付长贷利息</td></tr>
<tr><td>更新长期贷款/长期贷款还款</td></tr>
<tr><td>申请长期贷款</td></tr>
</table>

	盘点	一季度	二季度	三季度	四季度
1	原材料数量结余				
2	在制品数量结余				
3	产成品数量结余				
4	现金结余				
5	更新短期贷款/短期贷款还本付息				
6	更新生产/完工入库(填写产成品名称)				
7	申请短期贷款				
8	原材料入库/更新原料订单(填写原料名称)				
9	支付材料款				
10	下原料订单(填写预定的原料名称)				
11	购买/租用——厂房				
12	新建/在建/转产/变卖——生产线				
13	紧急采购原料/产品(随时进行)				
14	开始下一批生产(支付原材料,填写原料名称)				
15	开始下一批生产(支付加工费)				
16	更新应收款/应收款收现				
17	按订单交货(交货填写产品名称)				
18	产品研发投资				
19	厂房——出售(卖转租)/退租/租转买				
20	新市场开拓/ISO 资格投资				
21	支付管理费/支付续租厂房的租金				
22	出售库存(随时操作)				
23	厂房贴现(随时操作)				
24	应收款贴现(随时操作)				
25	组间交易(产成品、随时操作)				

<table>
<tr><td rowspan="4">年末</td><td>缴纳违约订单罚款</td><td></td><td></td><td></td><td></td></tr>
<tr><td>支付设备维护费</td><td></td><td></td><td></td><td></td></tr>
<tr><td>计提折旧(现金不减少)</td><td></td><td></td><td></td><td></td></tr>
<tr><td>结账</td><td></td><td></td><td></td><td></td></tr>
</table>

		一季度	二季度	三季度	四季度
26	季末现金收入合计				
27	季末现金支出合计				
28	季末现金结余[4 项+26 项-27 项]				
29	季末原材料数量结余[1 项+8 项-14 项]				
30	季末在制品数量结余[2 项-6 项+(14+15)项]				
31	季末产成品数量结余[3 项+6 项-17 项]				

企业行为模拟——ERP 沙盘模拟

表5-25 订单登记表

订单号							合计
市场							
产品							
数量							
账期							
销售额							
成本							
毛利							
未售							

表5-26 简化报表——综合费用表

项目	金额
管理费	
广告费	
设备维护费	
损失（其他）	
转产费	
厂房租金	
新市场开拓	
ISO 资格认证	
产品研发	
信息费	
合计	

注：库存折价拍卖、生产线变卖、紧急采购、订单违约记入损失。

表5-27 简化报表——利润表

项目	金额
销售收入	
直接成本	
毛利	
综合费用	
折旧前利润	
折旧	
支付利息前利润	
财务费用	

表5-27(续)

项目	金额
税前利润	
所得税	
年度净利润	

表5-28 简化报表——资产负债表

项目	金额	项目	金额
现金		长期负债	
应收款		短期负债	
在制品		应交所得税	
产成品		特别贷款	
原材料			
流动资产合计		负债合计	
厂房		股东资本	
生产线		利润留存	
在建工程		年度净利	
固定资产合计		所有者权益合计	
资产总计		负债和所有者权益总计	

表5-29 综合管理费用明细表

项目	金额	备注
管理费		
广告费		
保养费/维护费		
租金		
转产费		
市场准入开拓		□区域　□国内　□亚洲　□国际
ISO 资格认证		□ISO9000　□ISO14000
产品研发		P2（　）　P3（　）　P4（　）
折旧		
其他		
合计		

注：为了简化会计核算，将管理费、维护费、租金、转产费、折旧计入管理费用，将广告费、市场准入开拓、ISO 资格认证、产品研发计入销售费用，将利息、贴现息计入财务费用，将库存变卖损失、变卖生产线损失、违约损失合计计入其他，将入账计入营业外支出。

企业行为模拟——ERP沙盘模拟

表 5-30 利润表（适用于执行《小企业会计准则》的企业）

纳税人名称：

纳税人识别号：　　　　　　　　税款所属期间：　　　　至　　　　　　　　单位：M

项目	本月数	本年累计数
一、营业收入		
减：营业成本		
税金及附加		
销售费用		
其中：广告费		
市场准入开拓费		
ISO 资格认证费		
产品研发费		
管理费用		
其中：管理费		
维护费		
租金		
转产费		
折旧费		
财务费用		
其中：长期贷款利息		
短期贷款利息		
贴现利息		
加：投资收益（损失以"-"号填列）		
二、营业利润（亏损以"-"号填列）		
加：营业外收入		
减：营业外支出		
三、利润总额		
减：所得税		
四、净利润		

注：所得税小数点四舍五入。

157

表 5-31 资产负债表（适用于执行《小企业会计准则》的企业）

纳税人名称：

纳税人识别号：　　　　　　　税款所属期间：　　至　　　　　　　单位：M

资产	行次	年初数	期末数	负债和所有者权益	行次	年初数	期末数
流动资产：				流动负债：			
货币资金	1			短期借款	31		
短期投资	2			应付票据	32		
应收票据	3			应付账款	33		
应收账款	4			预付账款	34		
预付账款	5			应付职工薪酬	35		
应收股利	6			应交税费	36		
应收利息	7			应付利息	37		
其他应收款	8			应付利润	38		
存货	9			其他应付款	39		
其中：原材料	10			其他流动负债	40		
在产品	11			流动负债合计	41		
库存商品	12						
周转材料	13						
其他流动资产	14						
流动资产合计	15						
非流动资产：							
长期股权投资	16						
长期债权投资	17			非流动负债：			
固定资产原价	18			长期借款	42		
减：累计折旧	19			长期应付款	43		
固定资产账面价值	20			递延收益	44		
工程物资	21			其他非流动负债	45		
在建工程	22			非流动负债合计	46		
固定资产清理	23			负债合计	47		
生产性生物资产	24			所有者权益（或股东权益）：			
无形资产	25			实收资本（股本）	48		
开发支出	26			资本公积	49		
长期待摊费用	27			盈余公积	50		
其他非流动资产	28			未分配利润	51		
非流动资产合计	29			所有者权益（或股东权益）合计	52		
资产合计	30			负债和所有者权益（或股东权益）合计	53		

企业负责人：　　　　　　　会计机构负责人：　　　　　　　制表人：

表 5-32　手工沙盘模拟企业经营——第　　年总结

这是你们当家的第一年，感觉如何？是不是一个有收益的年度？你们的战略执行得怎么样？将你的感想记录下来。

学会了什么？ 记录知识点：
企业经营遇到哪些问题：
下年如何改进：

表 5-33　预算表——第四年

项目	1	2	3	4
期初库存现金				
支付上年应交税				
支付长期贷款利息费				
支付长期贷款到期本金				
支付市场广告费				
贴现费用				
支付短期贷款利息费				
支付到期短期贷款本金				
支付原材料货款				
转产费用				
购买新建筑				
租金				
生产线投资				
工人工资（加工费）				
产品研发投资				
收到现金前的所有支出				
应收款到期				
支付管理费用				
设备维护费用				
市场开拓投资				
ISO 认证投资				
其他				
库存现金余额				

要点记录

第一季度：

第二季度：

第三季度：

第四季度：

年底小结：

企业行为模拟——ERP 沙盘模拟

表 5-34　用户＿＿＿＿＿＿＿第＿＿＿年经营

操作顺序	请按顺序执行下列各项操作。各总监在方格中填写原材料采购/在制品/产品出库及入库情况。其中：入库数量为"+"，出库数量为"-"。季末入库合计为"+"数据相加，季末出库合计为"-"数据相加。					
年初	现金结余					
	新年度规划会议					
	参加订货会/登记销售订单					
	制订新年度计划					
	支付应付企业所得税					
	支付长贷利息					
	更新长期贷款/长期贷款还款					
	申请长期贷款					
	盘点	一季度	二季度	三季度	四季度
1	原材料数量结余				
2	在制品数量结余				
3	产成品数量结余				
4	现金结余				
5	更新短期贷款/短期贷款还本付息				
6	更新生产/完工入库(填写产成品名称)				
7	申请短期贷款				
8	原材料入库/更新原料订单(填写原料名称)				
9	支付材料款				
10	下原料订单(填写预定的原料名称)				
11	购买/租用——厂房				
12	新建/在建/转产/变卖——生产线				
13	紧急采购原料/产品(随时进行)				
14	开始下一批生产(支付原材料,填写原料名称)				
15	开始下一批生产(支付加工费)				
16	更新应收款/应收款收现				
17	按订单交货(交货填写产品名称)				
18	产品研发投资				
19	厂房——出售(卖转租)/退租/租转买				
20	新市场开拓/ISO 资格投资				
21	支付管理费/支付续租厂房的租金				
22	出售库存(随时操作)				
23	厂房贴现(随时操作)				
24	应收款贴现(随时操作)				
25	组间交易(产成品、随时操作)				
年末	缴纳违约订单罚款				
	支付设备维护费				
	计提折旧(现金不减少)				
	结账				
26	季末现金收入合计				
27	季末现金支出合计				
28	季末现金结余[4 项+26 项-27 项]				
29	季末原材料数量结余[1 项+8 项-14 项]				
30	季末在制品数量结余[2 项-6 项+(14+15)项]				
31	季末产成品数量结余[3 项+6 项-17 项]				

161

表 5-35　订单登记表

订单号							合计
市场							
产品							
数量							
账期							
销售额							
成本							
毛利							
未售							

表 5-36　简化报表——综合费用表

项目	金额
管理费	
广告费	
设备维护费	
损失（其他）	
转产费	
厂房租金	
新市场开拓	
ISO 资格认证	
产品研发	
信息费	
合计	

注：库存折价拍卖、生产线变卖、紧急采购、订单违约记入损失。

表 5-37　简化报表——利润表

项目	金额
销售收入	
直接成本	
毛利	
综合费用	
折旧前利润	
折旧	
支付利息前利润	
财务费用	

表5-37(续)

项目	金额
税前利润	
所得税	
年度净利润	

表 5-38 简化报表——资产负债表

项目	金额	项目	金额
现金		长期负债	
应收款		短期负债	
在制品		应交所得税	
产成品		特别贷款	
原材料			
流动资产合计		负债合计	
厂房		股东资本	
生产线		利润留存	
在建工程		年度净利	
固定资产合计		所有者权益合计	
资产总计		负债和所有者权益总计	

表 5-39 综合管理费用明细表

项目	金额	备注
管理费		
广告费		
保养费/维护费		
租金		
转产费		
市场准入开拓		□区域 □国内 □亚洲 □国际
ISO 资格认证		□ISO9000 □ISO14000
产品研发		P2（ ） P3（ ） P4（ ）
折旧		
其他		
合计		

注：为了简化会计核算，将管理费、维护费、租金、转产费、折旧计入管理费用，将广告费、市场准入开拓、ISO 资格认证、产品研发计入销售费用，将利息、贴现息计入财务费用，将库存变卖损失、变卖生产线损失、违约损失合计计入其他，将入账计入营业外支出。

表 5-40　利润表（适用于执行《小企业会计准则》的企业）

纳税人名称：

纳税人识别号：　　　　　　　　税款所属期间：　　至　　　　　　　单位：M

项目	本月数	本年累计数
一、营业收入		
减：营业成本		
税金及附加		
销售费用		
其中：广告费		
市场准入开拓费		
ISO 资格认证费		
产品研发费		
管理费用		
其中：管理费		
维护费		
租金		
转产费		
折旧费		
财务费用		
其中：长期贷款利息		
短期贷款利息		
贴现利息		
加：投资收益（损失以"-"号填列）		
二、营业利润（亏损以"-"号填列）		
加：营业外收入		
减：营业外支出		
三、利润总额		
减：所得税		
四、净利润		

注：所得税小数点四舍五入。

表5-41　资产负债表（适用于执行《小企业会计准则》的企业）

纳税人名称：

纳税人识别号：　　　　　　　　　　税款所属期间：　　　至　　　　　　　　　　　单位：M

资产	行次	年初数	期末数	负债和所有者权益	行次	年初数	期末数
流动资产：				流动负债：			
货币资金	1			短期借款	31		
短期投资	2			应付票据	32		
应收票据	3			应付账款	33		
应收账款	4			预付账款	34		
预付账款	5			应付职工薪酬	35		
应收股利	6			应交税费	36		
应收利息	7			应付利息	37		
其他应收款	8			应付利润	38		
存货	9			其他应付款	39		
其中：原材料	10			其他流动负债	40		
在产品	11			流动负债合计	41		
库存商品	12						
周转材料	13						
其他流动资产	14						
流动资产合计	15						
非流动资产：							
长期股权投资	16						
长期债权投资	17			非流动负债：			
固定资产原价	18			长期借款	42		
减：累计折旧	19			长期应付款	43		
固定资产账面价值	20			递延收益	44		
工程物资	21			其他非流动负债	45		
在建工程	22			非流动负债合计	46		
固定资产清理	23			负债合计	47		
生产性生物资产	24			所有者权益(或股东权益)：			
无形资产	25			实收资本（股本）	48		
开发支出	26			资本公积	49		
长期待摊费用	27			盈余公积	50		
其他非流动资产	28			未分配利润	51		
非流动资产合计	29			所有者权益(或股东权益)合计	52		
资产合计	30			负债和所有者权益（或股东权益）合计	53		

企业负责人：　　　　　　　会计机构负责人：　　　　　　　制表人：

表 5-42　手工沙盘模拟企业经营——第　　年总结

　　这是你们当家的第一年,感觉如何?是不是一个有收益的年度?你们的战略执行得怎么样?将你的感想记录下来。

学会了什么? 记录知识点:
企业经营遇到哪些问题:
下年如何改进:

表 5-43　预算表——第五年

项目	1	2	3	4
期初库存现金				
支付上年应交税				
支付长期贷款利息费				
支付长期贷款到期本金				
支付市场广告费				
贴现费用				
支付短期贷款利息费				
支付到期短期贷款本金				
支付原材料货款				
转产费用				
购买新建筑				
租金				
生产线投资				
工人工资（加工费）				
产品研发投资				
收到现金前的所有支出				
应收款到期				
支付管理费用				
设备维护费用				
市场开拓投资				
ISO 认证投资				
其他				
库存现金余额				

要点记录

第一季度：

第二季度：

第三季度：

第四季度：

年底小结：

表 5-44　用户 _____ 第___年经营

操作顺序	请按顺序执行下列各项操作。各总监在方格中填写原材料采购/在制品/产品出库及入库情况。其中：入库数量为"+"，出库数量为"-"。季末入库合计为"+"数据相加，季末出库合计为"-"数据相加。		
年初	现金结余		
	新年度规划会议		
	参加订货会/登记销售订单		
	制订新年度计划		
	支付应付企业所得税		
	支付长贷利息		
	更新长期贷款/长期贷款还款		
	申请长期贷款		

	盘点	一季度	二季度	三季度	四季度
1	原材料数量结余				
2	在制品数量结余				
3	产成品数量结余				
4	现金结余				
5	更新短期贷款/短期贷款还本付息				
6	更新生产/完工入库(填写产成品名称)				
7	申请短期贷款				
8	原材料入库/更新原料订单(填写原料名称)				
9	支付材料款				
10	下原料订单(填写预定的原料名称)				
11	购买/租用——厂房				
12	新建/在建/转产/变卖——生产线				
13	紧急采购原料/产品(随时进行)				
14	开始下一批生产(支付原材料,填写原料名称)				
15	开始下一批生产(支付加工费)				
16	更新应收款/应收款收现				
17	按订单交货(交货填写产品名称)				
18	产品研发投资				
19	厂房——出售(卖转租)/退租/租转买				
20	新市场开拓/ISO 资格投资				
21	支付管理费/支付续租厂房的租金				
22	出售库存(随时操作)				
23	厂房贴现(随时操作)				
24	应收款贴现(随时操作)				
25	组间交易(产成品,随时操作)				
年末	缴纳违约订单罚款				
	支付设备维护费				
	计提折旧(现金不减少)				
	结账				
26	季末现金收入合计				
27	季末现金支出合计				
28	季末现金结余[4项+26项-27项]				
29	季末原材料数量结余[1项+8项-14项]				
30	季末在制品数量结余[2项-6项+(14+15)项]				
31	季末产成品数量结余[3项+6项-17项]				

表 5-45　订单登记表

订单号							合计
市场							
产品							
数量							
账期							
销售额							
成本							
毛利							
未售							

表 5-46　简化报表——综合费用表

项目	金额
管理费	
广告费	
设备维护费	
损失（其他）	
转产费	
厂房租金	
新市场开拓	
ISO 资格认证	
产品研发	
信息费	
合计	

注：库存折价拍卖、生产线变卖、紧急采购、订单违约记入损失。

表 5-47　简化报表——利润表

项目	金额
销售收入	
直接成本	
毛利	
综合费用	
折旧前利润	
折旧	
支付利息前利润	
财务费用	

表5-47（续）

项目	金额
税前利润	
所得税	
年度净利润	

表 5-48　简化报表——资产负债表

项目	金额	项目	金额
现金		长期负债	
应收款		短期负债	
在制品		应交所得税	
产成品		特别贷款	
原材料			
流动资产合计		负债合计	
厂房		股东资本	
生产线		利润留存	
在建工程		年度净利	
固定资产合计		所有者权益合计	
资产总计		负债和所有者权益总计	

表 5-49　综合管理费用明细表

项目	金额	备注
管理费		
广告费		
保养费/维护费		
租金		
转产费		
市场准入开拓		□区域　□国内　□亚洲　□国际
ISO 资格认证		□ISO9000　□ISO14000
产品研发		P2（　）　　P3（　）　　P4（　）
折旧		
其他		
合计		

注：为了简化会计核算，将管理费、维护费、租金、转产费、折旧计入管理费用，将广告费、市场准入开拓、ISO 资格认证、产品研发计入销售费用，将利息、贴现息计入财务费用，将库存变卖损失、变卖生产线损失、违约损失合计入其他，将入账计入营业外支出。

表 5-50 利润表（适用于执行《小企业会计准则》的企业）

纳税人名称：

纳税人识别号： 税款所属期间： 至 单位：M

项目	本月数	本年累计数
一、营业收入		
减：营业成本		
税金及附加		
销售费用		
其中：广告费		
市场准入开拓费		
ISO 资格认证费		
产品研发费		
管理费用		
其中：管理费		
维护费		
租金		
转产费		
折旧费		
财务费用		
其中：长期贷款利息		
短期贷款利息		
贴现利息		
加：投资收益（损失以"-"号填列）		
二、营业利润（亏损以"-"号填列）		
加：营业外收入		
减：营业外支出		
三、利润总额		
减：所得税		
四、净利润		

注：所得税小数点四舍五入。

表 5-51 资产负债表（适用于执行《小企业会计准则》的企业）

纳税人名称：

纳税人识别号：　　　　　　　　税款所属期间：　　　　至　　　　　　　　单位：M

资产	行次	年初数	期末数	负债和所有者权益	行次	年初数	期末数
流动资产：				流动负债：			
货币资金	1			短期借款	31		
短期投资	2			应付票据	32		
应收票据	3			应付账款	33		
应收账款	4			预收账款	34		
预付账款	5			应付职工薪酬	35		
应收股利	6			应交税费	36		
应收利息	7			应付利息	37		
其他应收款	8			应付利润	38		
存货	9			其他应付款	39		
其中：原材料	10			其他流动负债	40		
在产品	11			流动负债合计	41		
库存商品	12						
周转材料	13						
其他流动资产	14						
流动资产合计	15						
非流动资产：							
长期股权投资	16						
长期债权投资	17			非流动负债：			
固定资产原价	18			长期借款	42		
减：累计折旧	19			长期应付款	43		
固定资产账面价值	20			递延收益	44		
工程物资	21			其他非流动负债	45		
在建工程	22			非流动负债合计	46		
固定资产清理	23			负债合计	47		
生产性生物资产	24			所有者权益(或股东权益)：			
无形资产	25			实收资本（股本）	48		
开发支出	26			资本公积	49		
长期待摊费用	27			盈余公积	50		
其他非流动资产	28			未分配利润	51		
非流动资产合计	29			所有者权益(或股东权益)合计	52		
资产合计	30			负债和所有者权益（或股东权益）合计	53		

企业负责人：　　　　　　　　会计机构负责人：　　　　　　　　制表人：

表 5-52　手工沙盘模拟企业经营——第　　年总结

这是你们当家的第一年，感觉如何？是不是一个有收益的年度？你们的战略执行得怎么样？将你的感想记录下来。

学会了什么？ 记录知识点：
企业经营遇到哪些问题：
下年如何改进：

表 5-53　预算表——第六年

项目	1	2	3	4
期初库存现金				
支付上年应交税				
支付长期贷款利息费				
支付长期贷款到期本金				
支付市场广告费				
贴现费用				
支付短期贷款利息费				
支付到期短期贷款本金				
支付原材料货款				
转产费用				
购买新建筑				
租金				
生产线投资				
工人工资（加工费）				
产品研发投资				
收到现金前的所有支出				
应收款到期				
支付管理费用				
设备维护费用				
市场开拓投资				
ISO 认证投资				
其他				
库存现金余额				

要点记录

第一季度：

第二季度：

第三季度：

第四季度：

年底小结：

表 5-54　用户　　　　　第＿＿年经营

操作顺序	请按顺序执行下列各项操作。各总监在方格中填写原材料采购/在制品/产品出库及入库情况。其中：入库数量为"+"，出库数量为"−"。季末入库合计为"+"数据相加，季末出库合计为"−"数据相加。									
年初	现金结余									
	新年度规划会议									
	参加订货会/登记销售订单									
	制订新年度计划									
	支付应付企业所得税									
	支付长贷利息									
	更新长期贷款/长期贷款还款									
	申请长期贷款									
	盘点	一季度			二季度			三季度		四季度
1	原材料数量结余									
2	在制品数量结余									
3	产成品数量结余									
4	现金结余									
5	更新短期贷款/短期贷款还本付息									
6	更新生产/完工入库(填写产成品名称)									
7	申请短期贷款									
8	原材料入库/更新原料订单(填写原料名称)									
9	支付材料款									
10	下原料订单(填写预定的原料名称)									
11	购买/租用——厂房									
12	新建/在建/转产/变卖——生产线									
13	紧急采购原料/产品(随时进行)									
14	开始下一批生产(支付原材料,填写原料名称)									
15	开始下一批生产(支付加工费)									
16	更新应收款/应收款收现									
17	按订单交货(交货填写产品名称)									
18	产品研发投资									
19	厂房——出售(卖转租)/退租/租转买									
20	新市场开拓/ISO资格投资									
21	支付管理费/支付续租厂房的租金									
22	出售库存(随时操作)									
23	厂房贴现(随时操作)									
24	应收款贴现(随时操作)									
25	组间交易(产成品,随时操作)									
年末	缴纳违约订单罚款									
	支付设备维护费									
	计提折旧(现金不减少)									
	结账									
26	季末现金收入合计									
27	季末现金支出合计									
28	季末现金结余[4项+26项−27项]									
29	季末原材料数量结余[1项+8项−14项]									
30	季末在制品数量结余[2项−6项+(14+15)项]									
31	季末产成品数量结余[3项+6项−17项]									

175

表 5-55　订单登记表

订单号								合计
市场								
产品								
数量								
账期								
销售额								
成本								
毛利								
未售								

表 5-56　简化报表——综合费用表

项目	金额
管理费	
广告费	
设备维护费	
损失（其他）	
转产费	
厂房租金	
新市场开拓	
ISO 资格认证	
产品研发	
信息费	
合计	

注：库存折价拍卖、生产线变卖、紧急采购、订单违约记入损失。

表 5-57　简化报表——利润表

项目	金额
销售收入	
直接成本	
毛利	
综合费用	
折旧前利润	
折旧	
支付利息前利润	
财务费用	

表5-57(续)

项目	金额
税前利润	
所得税	
年度净利润	

表 5-58 简化报表——资产负债表

项目	金额	项目	金额
现金		长期负债	
应收款		短期负债	
在制品		应交所得税	
产成品		特别贷款	
原材料			
流动资产合计		负债合计	
厂房		股东资本	
生产线		利润留存	
在建工程		年度净利	
固定资产合计		所有者权益合计	
资产总计		负债和所有者权益总计	

表 5-59 综合管理费用明细表

项目	金额	备注
管理费		
广告费		
保养费/维护费		
租金		
转产费		
市场准入开拓		□区域 □国内 □亚洲 □国际
ISO 资格认证		□ISO9000 □ISO14000
产品研发		P2（ ） P3（ ） P4（ ）
折旧		
其他		
合计		

注：为了简化会计核算，将管理费、维护费、租金、转产费、折旧计入管理费用，将广告费、市场准入开拓、ISO资格认证、产品研发计入销售费用，将利息、贴现息计入财务费用，将库存变卖损失、变卖生产线损失、违约损失合计计入其他，将入账计入营业外支出。

177

表 5-60　利润表（适用于执行《小企业会计准则》的企业）

纳税人名称：

纳税人识别号：　　　　　　　　　　税款所属期间：　　　至　　　　　　　　　单位：M

项目	本月数	本年累计数
一、营业收入		
减：营业成本		
税金及附加		
销售费用		
其中：广告费		
市场准入开拓费		
ISO 资格认证费		
产品研发费		
管理费用		
其中：管理费		
维护费		
租金		
转产费		
折旧费		
财务费用		
其中：长期贷款利息		
短期贷款利息		
贴现利息		
加：投资收益（损失以"-"号填列）		
二、营业利润（亏损以"-"号填列）		
加：营业外收入		
减：营业外支出		
三、利润总额		
减：所得税		
四、净利润		

注：所得税小数点四舍五入。

表 5-61 资产负债表（适用于执行《小企业会计准则》的企业）

纳税人名称：

纳税人识别号：　　　　　　　　税款所属期间：　　　　至　　　　　　　　单位：M

资产	行次	年初数	期末数	负债和所有者权益	行次	年初数	期末数
流动资产：				流动负债：			
货币资金	1			短期借款	31		
短期投资	2			应付票据	32		
应收票据	3			应付账款	33		
应收账款	4			预付账款	34		
预付账款	5			应付职工薪酬	35		
应收股利	6			应交税费	36		
应收利息	7			应付利息	37		
其他应收款	8			应付利润	38		
存货	9			其他应付款	39		
其中：原材料	10			其他流动负债	40		
在产品	11			流动负债合计	41		
库存商品	12						
周转材料	13						
其他流动资产	14						
流动资产合计	15						
非流动资产：							
长期股权投资	16						
长期债权投资	17			非流动负债：			
固定资产原价	18			长期借款	42		
减：累计折旧	19			长期应付款	43		
固定资产账面价值	20			递延收益	44		
工程物资	21			其他非流动负债	45		
在建工程	22			非流动负债合计	46		
固定资产清理	23			负债合计	47		
生产性生物资产	24			所有者权益(或股东权益)：			
无形资产	25			实收资本（股本）	48		
开发支出	26			资本公积	49		
长期待摊费用	27			盈余公积	50		
其他非流动资产	28			未分配利润	51		
非流动资产合计	29			所有者权益(或股东权益)合计	52		
资产合计	30			负债和所有者权益（或股东权益）合计	53		

企业负责人：　　　　　　会计机构负责人：　　　　　　制表人：

表 5-62　手工沙盘模拟企业经营——第　　年总结

这是你们当家的第一年，感觉如何？是不是一个有收益的年度？你们的战略执行得怎么样？将你的感想记录下来。

学会了什么？ 记录知识点：
企业经营遇到哪些问题：
下年如何改进：

第六章
商战沙盘 V5.0 教师端操作说明

学习目标

通过本章的学习，学员应该能够：

（1）初步了解商战沙盘。

（2）理解商战沙盘各岗位角色。

（3）明确商战沙盘经营目标。

（4）熟悉商战沙盘的操作流程，明确各流程监控点。

一、系统安装

（一）产品安装程序

双击打开产品安装光盘或拷贝出来安装包，双击"新道新商战沙盘系统安装程序"，弹出对话框（如遇杀毒软件阻止请点击允许程序运行），如图 6-1 所示。

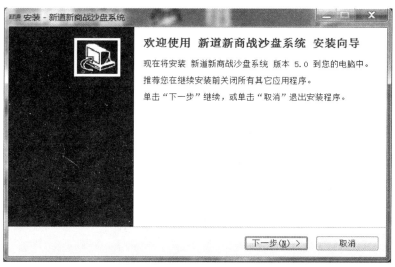

图 6-1　安装

单击"下一步"按钮，选择同意许可协议，如图 6-2 所示。

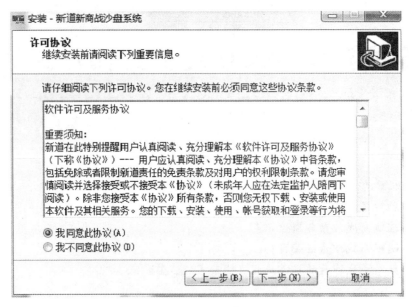

图 6-2　许可协议

单击"下一步"按钮，显示文件安装路径，可以选择默认路径或修改成其他路径，新建路径中最好不要有中文字符，以免引起错误提示，如图 6-3 所示。

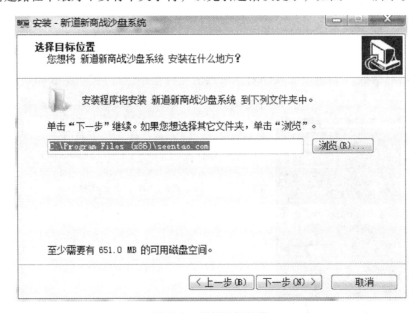

图 6-3　选择目标位置

按照提示依次单击"下一步"按钮，如图 6-4 所示。

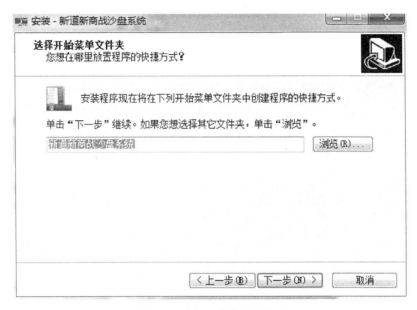

图 6-4　选择开始菜单文件夹

单击"下一步"按钮，创建桌面快捷方式，如图 6-5 所示。

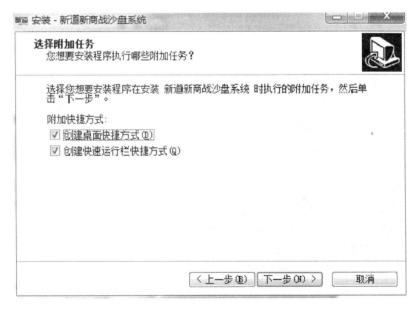

图 6-5　选择附加任务

单击"下一步"按钮，确认程序安装信息，点击安装，如图6-6所示。

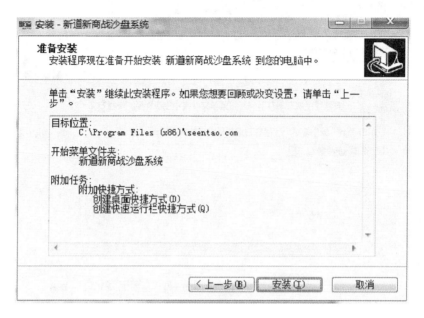

图6-6 准备安装

等待安装进度条结束（见图6-7），单击"完成"按钮，产品安装完毕（见图6-8）。

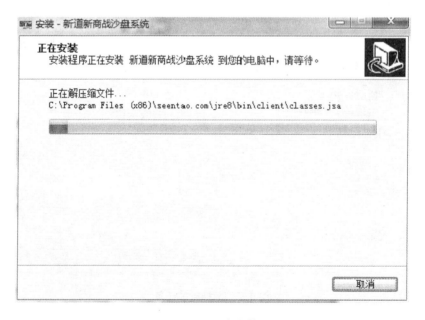

图6-7 正在安装

企/业/行/为/模/拟——ERP沙盘模拟

图 6-8 安装完成

勾选了"运行 新道新商战沙盘系统",单击"完成"按钮。如果此时没有插入加密锁,程序无法正常运行(见图 6-9),请插入加密锁。

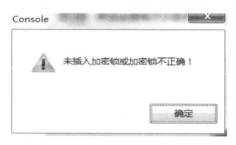

图 6-9 未插入加密锁或加密锁不正确

(二)系统启动

安装完成后,在桌面上会显示出运行程序的快捷方式。

在插入加密锁,并保证当前网络环境可以连接外网的情况下点击快捷方式,弹出启动服务的对话框,如图 6-10 所示。

图 6-10 启动服务

新道新商战沙盘系统后台会读取用户学校的学校名称，以作为辨别正版产品的标志。

1. 导入规则方案、导入订单方案

注意：导入方案功能需在启动系统服务后才能使用。

系统中已默认导入了部分订单方案和规则方案，系统默认有5套规则方案及配套的订单方案，如果需要新的方案，单击"导入规则方案""导入订单方案"按钮（见图6-11）进行操作，界面会弹出选择文件的对话框；如果看不到方案文件，把文件类型选成所有文件，就会显示出来（见图6-12）。

图 6-11　导入规则方案与导入订单方案

图 6-12　文件类型选成所有文件

2. 导出规则方案和导出订单方案

注意：导出方案功能需在启动系统服务后才能使用。

单击"导出规则方案""导出订单方案"按钮（见图6-13）可以将产品系统中已有方案导出。

图 6-13　导出规则方案与导出订单方案

3. 端口设置

为了和运行环境中已有系统端口不发生冲突，系统提供端口设置功能，一般默认端口即可（见图 6-14）。

图 6-14　商品设置

4. 启动系统

单击启动系统，弹出对话框自动运行服务，在显示出数据库已经启动好的信息后（见图 6-15），就可以在浏览器中输入"IP+端口"，如 127.0.0.1：8081，运行即可。浏览器版本需为 IE8 以上，360 浏览器的话需要选择极速模式，兼容模式一般为 IE7，不符要求。

信息: Server startup in 13453 ms

图 6-15　数据库已经启动好

5. 系统初始化

在启动服务后才可以操作系统初始化按钮，此功能是清除系统中的规则方案和订单方案，保证系统数据库干净。

6. 用户登录

在浏览器中正确访问产品地址后，在用户登录中用户名处输入管理员账号 admin，初始密码为 1，单击"登录"，即可以开始操作。管理员端创建教学班时也需要保证加密锁插入的状态。如果不能登录，可能原因是当前网络环境没有连接外网，获取不到管理员登录的许可，联网后再试。

二、系统操作

系统管理员操作流程

（一）系统管理员端

在用户登录页面输入用户名、密码，单击"用户登录"按钮。用户名为 admin，初始密码为 1（见图 6-16）。

图 6-16　用户登录

登录后显示管理员端功能菜单，即创建教学班、教师管理、权限管理、数据备份（见图 6-17）。

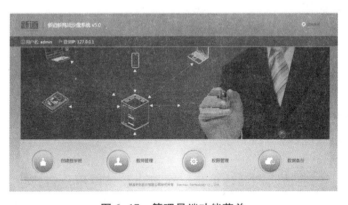

图 6-17　管理员端功能菜单

1. 创建教学班

创建教学班支持多班教学，共用一台服务器，并且可以控制教学班的开课状态，如暂停、关闭或删除，关闭的教学班教师仍可以查看历史数据。创建教学班功能为教学统一管理提供了便利（见图 6-18）。

企／业／行／为／模／拟——ERP 沙盘模拟

图 6-18　创建教学班

创建教学班时要保证成功插入并安装了加密锁。

管理员端单击"创建教学班"图标，显示弹出框。在"请输入教学班名称"后的编辑框内输入教学班名称，单击"创建"按钮。

弹出提示框，教学班创建成功。

建成后的教学班有四种状态。这四种状态的意思分别如下：

（1）"未初始化"表示教学班建成后还未使用，点击"关闭"变为"已关闭"状态，教学班无法再使用。

（2）"正在进行"表示教学班正在使用中，点击"暂停"变为"已暂停"状态，"已暂停"状态的教学班学生端不能使用；点击"关闭"变为"已关闭"状态。

（3）"已暂停"表示已在使用的教学班本次课程未完成，下次课程时间再次使用，点击"恢复"变为"正在进行"状态，学生端可以继续使用；点击"关闭"变为"已关闭"状态。

（4）"已结束"表示教学班已经完成教学计划且已经处于"关闭"状态，在此点击"删除"后，可以将教学班的所有信息完全清除。

2. 教师管理

教师管理功能支持创建多个教师，支持多个教师管理多个教学班的"多对多"的管理模式（见图 6-19）。

图 6-19　教师管理

管理员端点击"教师管理"图标，显示弹出框。

将鼠标移动到角色"系统管理员"前面的编辑框，输入新密码，然后点击"修改密码"，修改成功。

将鼠标移动到最下方用户名、密码后的编辑框内，输入新增的用户名、密码，点击"添加用户"，添加教师成功。

3. 权限管理

管理员端点击"权限管理"菜单，显示弹出框，选择"教师""教学班"，单击"确定"按钮。下方显示该教师担任的教学班名称列表（见图 6-20）。

图 6-20　任命教学班教师

权限管理用于关联教师和教学班，一个教师可以关联多个教学班，也可以点击"取消"，撤销关联。

4. 数据备份

数据备份用于多个教学班一次性备份，有利于保存同期开课的教学班数据及存档。

管理员端点击"数据备份"菜单，显示弹出框（见图 6-21）。数据备份文件后有默认的文件名,可以进行编辑,点击"备份文件"。新文件在"手动备份还原"下方显示。

　　点击"项目反选"可以选择全部文件或取消。勾选某一个文件,点击"删除",该文件被删除。点击"文件还原"可以还原该备份文件,该备份文件为同期开课的所有班备份时的内容,建议只限于管理员操作。

图 6-21　数据备份

　　注意:此处的文件还原不能还原单独一个教学班,单独一个教学班还需进入教师端操作。

(二)教师端

1. 初始化设置

　　初始化设置用于每个教学班的规则初始化,灵活选择实训规则和市场订单(见图 6-22)。

教师端操作流程

图 6-22　初始化设置

教师端点击"用户登录"后，进入初始化设置界面。未初始化的教学班状态不同，并且操作栏有"教学班初始化"按钮。点击"初始化"，显示参数弹出框。

通过订单上传和规则上传可以在客户端上传订单文件与规则文件（见图6-23）。

图 6-23　教学班初始化

在编辑框内编辑用户前缀、队数等信息，选择订单方案、规则方案，设置参数表中各信息，点击"预览"，可以预览订单与规则。单击"确定"按钮，弹出提示框"初始化成功"。

自动返回初始化界面，选择要管理的教学班，点击教学班名称，进入教学班，显示教师端主页面（见图6-24）。

图 6-24　教师端主页面

2. 查询每组经营信息

点击主页面上方学生组号，如 A1001。主页面中间区域显示该组各项经营信息，包括公司资料、库存采购信息、研发认证信息、财务信息、厂房信息、生产信息（见图 6-25）。

图 6-25　小组各项经营信息

（1）公司资料。点击学生组号后默认显示"公司资料"页签（见图 6-26）。

图 6-26　公司资料

①还原本年。点击公司资料下的"还原本年"，弹出提示框，点击"确定"，将该学生组的经营回退到当年年初重新开始经营（见图 6-27）。

图 6-27　还原本年

②还原本季。点击公司资料下的"还原本季"，弹出提示框，点击"确定"，将该学生组的经营回退到当季季初重新开始经营。

注意：点击"还原本年"或"还原本季"后，与该组进行过组间交易的其他组的经营也会受到影响，教师需要谨慎操作。

③修改密码。点击公司资料下的"修改密码",显示弹出框,在新密码后面的编辑框内输入改后的密码,点击"确认"即完成修改(见图6-28)。

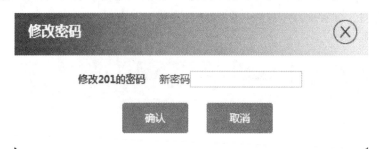

图6-28　修改密码

④追加资本。点击公司资料下"追加资本",显示弹出框,在注入金额后编辑框内输入要增加的金额数字,选择注资类别"特别贷款"或"股东注资",点击"确认"即完成用户融资(见图6-29)。

图6-29　追加资本

当学生偿还特别贷款时,在编辑框内输入负的本金加利息代表偿还。

⑤修改状态。点击公司资料下的"修改状态",显示弹出框,显示该用户的当前经营状态。点击"拟修改状态"后面的下拉框,选择"未运营""正在运营"或"破产",点击"确认"即完成用户经营状态修改(见图6-30)。

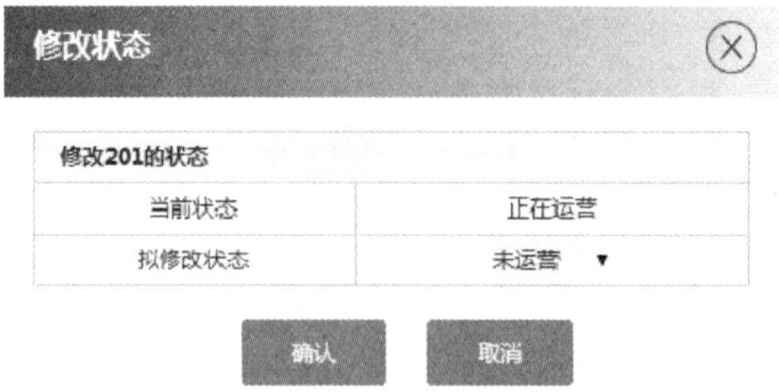

图6-30　修改状态

⑥综合财务。点击公司资料下的"综合财务",显示弹出框,用于查阅该学生组当年经营的主要财务信息项(见图6-31)。

综合财务信息

贴息	0W	利息	0W
销售收入	0W	设备维护费	0W
转产费	0W	租金	0W
管理费	0W	广告费	44W
信息费	0W	其他	0W
直接成本	0W	ISO认证资格	0W
产品研发	0W	市场准入开拓	0W

图 6-31　综合财务信息

⑦综合费用。点击公司资料下"综合费用表",显示弹出框,用于显示查阅该学生组每年经营的综合费用表(见图6-32)。

综合费用表

201综合费用表

项目\年度	第1年	第1年	第2年	第2年	第3年
类型	系统	用户	系统	用户	系统
管理费	4	0	4	0	0
广告费	0	0	66	0	44
设备维护费	10	0	10	0	0
转产费	0	0	0	0	0
租金	40	0	40	0	0
市场准入开拓	40	0	0	0	0
产品研发	20	0	0	0	0
ISO认证资格	30	0	0	0	0
信息费	0	0	0	0	0
其他	0	0	209	0	0
合计	144	0	329	0	44

图 6-32　综合费用表

⑧利润表。点击公司资料下的"利润表",显示弹出框,用于显示查阅该学生组每年经营的利润表(见图6-33)。

利润表

201利润表				
项目\年度	第1年	第1年	第2年	第2年
类型	系统	用户	系统	用户
销售收入	0	0	0	0
直接成本	0	0	0	0
毛利	0	0	0	0
综合管理费用	144	0	329	0
折旧前利润	-144	0	-329	0
折旧	0	0	72	0
支付利息前利润	-144	0	-401	0
财务费用	0	0	0	0
税前利润	-144	0	-401	0
所得税	0	0	0	0
净利润	-144	0	-401	0

图 6-33　利润表

⑨资产负债表。点击公司资料下的“资产负债表”，显示弹出框，用于显示查阅该学生组每年经营的资产负债表（见图 6-34）。

资产负债表

201资产负债表				
项目\年度	第1年	第1年	第2年	第2年
类型	系统	用户	系统	用户
现金	7 546	0	6 817	0
应收款	0	0	0	0
在制品	0	0	0	0
产成品	0	0	0	0
原材料	150	0	150	0
流动资产合计	7 696	0	6 967	0
土地和建筑	0	0	400	0
机器与设备	60	0	48	0
在建工程	100	0	100	0
固定资产合计	160	0	548	0
资产总计	7 856	0	7 515	0
长期负债	0	0	0	0
短期负债	0	0	0	0

图 6-34　资产负债表

⑩现金流量表。点击公司资料下的“现金流量表”，显示弹出框，用于显示查阅该学生组每年经营的现金流量表（见图 6-35）。

用户现金流量表

201现金流量表

ID	动作	资金	剩余	时间	备注
1	初始化资本金	8 000W	8 000W	第1年第1季	公司成立
2	厂房租用	-40W	7 960W	第1年第1季	花费40W租用大厂房(1389)
3	新建生产线	-30W	7 930W	第1年第1季	超级手工(1407)P1
4	新建生产线	-30W	7 900W	第1年第1季	超级手工(1410)P1
5	新建生产线	-50W	7 850W	第1年第1季	自动线(1414)P1
6	新建生产线	-50W	7 800W	第1年第1季	自动线(1420)P2
7	产品研发	-10W	7 790W	第1年第1季	P1
8	支付行政管理费	-1W	7 789W	第1年第1季	
9	更新原材料	-100W	7 689W	第1年第2季	5R2、5R1
10	产品研发	-10W	7 679W	第1年第2季	P1
11	支付行政管理费	-1W	7 678W	第1年第2季	
12	更新原材料	-50W	7 628W	第1年第3季	5R3
13	支付行政管理费	-1W	7 627W	第1年第3季	
14	市场开拓	-40W	7 587W	第1年第4季	本地、区域、国内、亚洲

图 6-35 用户现金流量表

⑪订单列表。点击公司资料下的“订单列表”，显示弹出框，用于显示查阅该学生组每年的市场订单、订单的完成状态以及完成时间（见图 6-36）。

订单列表

201订单列表

订单编号	市场	产品	数量	总价	状态	得单年份	交货期	帐期	ISO	交货时间
S211_06	本地	P1	4	201W	已违约	第2年	4季	1季	-	-
S211_07	本地	P1	4	179W	已违约	第2年	4季	0季	-	-
S211_03	本地	P1	4	208W	已违约	第2年	4季	3季	-	-
S211_05	本地	P1	1	53W	已违约	第2年	4季	3季	-	-
S211_01	本地	P1	4	208W	已违约	第2年	4季	1季	-	-
S211_04	本地	P1	2	96W	已违约	第2年	4季	2季	-	-
S211_10	本地	P1	2	96W	已违约	第2年	4季	2季	-	-

图 6-36 订单列表

⑫导出 Excel。点击公司资料下的“导出 Excel”，显示弹出框下载，用于将该学生组的各项经营信息导出成 Excel 格式查阅保存，默认文件名为“组号+时间”（见图 6-37）。

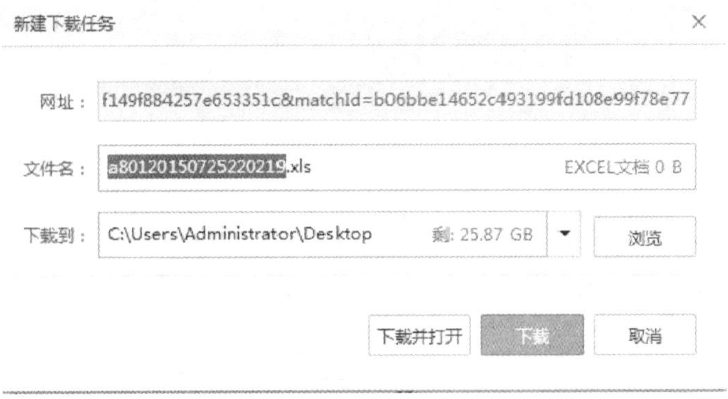

图 6-37　导出 Excel

导出后，点开可查询各项经营表格（见图 6-38）。

	A	B	C	D	E	F	G	H	I	J
1	综合费用表									
2		年度	第1年	第1年	第2年	第2年	第3年	第3年	第4年	第4年
3		类型	系统	用户	系统	用户	系统	用户	系统	用户
4		管理费	4	4	4	4	4	0	4	0
5		广告费	0	0	18	18	27	0	99	0
6		设备维护费	18	18	22	22	24	0	24	0
7		转产费	0	0	2	2	0	0	0	0
8		租金	4	4	4	4	4	0	4	0
9		市场准入开拓	5	5	3	3	2	0	0	0
10		产品研发	13	13	1	1	0	0	0	0
11		ISO认证资格	3	3	3	3	0	0	0	0
12		信息费	0	0	9	22	4	0	73	0
13		其他	0	0	0	0	0	0	0	0
14		合计	47	47	66	79	65	0	204	0
15	利润表									
16		年度	第1年							
17		类型	系统							
18		销售收入	0							
19		直接成本	0							
20		毛利	0							
21		综合管理费用	47							
22		折旧前利润	-47							
23		折旧	0							
24		支付利息前利润	-47							
25		财务费用	0							
26		税前利润	-47							
27		所得税	0							
28		净利润	-47							
29	资产负债表									

企业信息　库存信息　银行贷款　研发认证　厂房与生产线　订单信息　现金流量表　企业财务报表

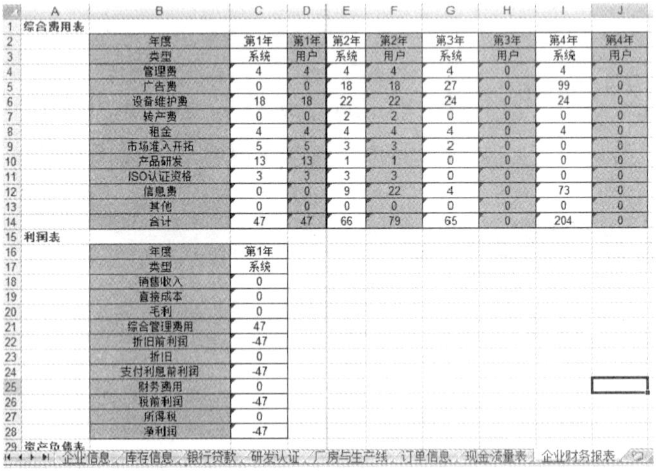

图 6-38　各项经营表格

（2）库存采购信息。点击学生组号下的“库存采购信息”页签，显示该学生组的原料订购、原料库存、产品库存信息（见图 6-39）。

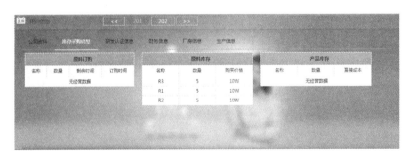

图 6-39　库存采购信息

（3）研发认证信息。点击学生组号下的"研发认证信息"页签，显示该学生组的市场开拓、产品研发、ISO 认证信息（见图 6-40）。

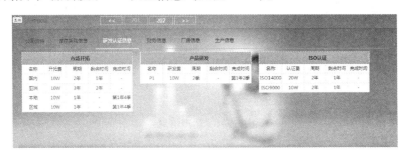

图 6-40　研发认证信息

（4）财务信息。点击学生组号下的"财务信息"页签，显示该学生组的应收账款、长期贷款、短期贷款、特别贷款信息（见图 6-41）。

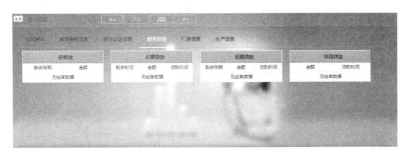

图 6-41　财务信息

（5）厂房信息。点击学生组号下的"厂房信息"页签，显示该学生组的厂房信息（见图 6-42）。

图 6-42　厂房信息

（6）生产信息。点击学生组号下的"生产信息"页签，显示该学生组的生产线信息（见图 6-43）。

图 6-43　生产信息

3. 选单管理

点击主页面下方的菜单"选单管理"，管理每组学生选取市场订单。

当所有学生组未投放广告及结束订货会时，弹出框页面显示订货会尚未开始（见图 6-44）。

图 6-44　订单会已结束或未有投广告用户

当教学班里有部分学生组完成广告投放时，弹出框显示每组投放广告时间（见图 6-45）。

图 6-45　每组投放广告时间

当教学班里所有学生组完成广告投放时，弹出框显示准备开始选单页面（见图 6-46）。

图 6-46　开始选单

点击"开始选单"，弹出提示框，订货会正式开始（见图 6-47）。

图 6-47　订货会正式开始

点击"确定"，跳转到订货会选单管理页面（见图 6-48）。

选单管理			
第2年订货会管理			
合计回合数	33	剩余回合数	24
本年合计订单数	70	本年剩余订单数	63
重新选单　计时恢复			
本地			
产品	P1	当前回合	8
总回合数	11	剩余回合数	3
当前选单用户	201	剩余选单时间	23
区域			
产品	P2	当前回合	1
总回合数	11	剩余回合数	10
当前选单用户	201	剩余选单时间	11

取消

图 6-48　订货会选单管理

弹出框中显示选单过程记录、选单时间、剩余回合、剩余单数等信息。

点击"重新选单"，订货会会重新开始。点击"计时暂停/计时恢复"，可以操作是否暂停订货会选单。

当选单全部结束后，页面弹出提示框，本年订单会已结束（见图6-49）。

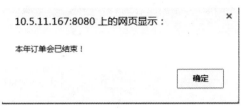

图6-49 本年订单会已结束

4. 竞单管理

点击主页面下方的"菜单竞单管理"。

当该经营年没有竞单，页面会弹出如图6-50所示的提示框。

图6-50 竞单结束或暂未开始

当进行到设有竞单会的年份时，页面跳转到准备开始竞单的页面（见图6-51）。

图6-51 开始竞单

点击"开始竞单"，弹出提示框，竞单会正式开始（见图6-52）。

图6-52 竞单会正式开始

点击"确定",页面跳转到竞单会管理页面。

点击"重新竞单",竞单会会重新开始。点击"计时恢复/暂停"会暂停竞单的过程(见图6-53)。

竞单管理	⊗

第3年竞单会	
当前回合剩会时间	86
剩会订单数/总订单数	7/10
重新竞单 计时暂停	

订单编号	市场	产品	数量	ISO	状态	所属用户
3J01	本地	P1	2	-	正在竞单	
3J02	本地	P2	2	9 14	正在竞单	
3J03	本地	P3	3	-	正在竞单	
3J04	本地	P4	1	9	等待	
3J05	区域	P2	3	14	等待	
3J06	区域	P3	4	9 14	等待	
3J07	区域	P4	4	-	等待	
3J09	国内	P1	6	9 14	等待	
3J10	国内	P2	2	9	等待	
3J11	国内	P4	2	-	等待	

图 6-53　竞单管理

竞单结束时会弹出提示框,竞单会结束(见图6-54)。

10.5.11.167:8080 上的网页显示:　　　　✕

竞单会结束

确定

图 6-54　竞单会结束

5. 组间交易

点击主页面下方的菜单"组间交易",显示弹出框。

点击"选择出货方"和"选择进货方"的下拉框,选择买卖的双方组号;选择要交易的产品;在下方编辑框内输入交易数量与交易金额,点击"确认交易",即完成了此次组间交易,如图6-55所示。

图 6-55 组间交易

组间交易必须在两个学生组经营到某一共同系统时间点时才能操作。

6. 排行榜单

点击主页面下方的菜单"排行榜单",显示弹出框(见图 6-56)。在当前修正后的编辑框输入加分或减分,点击"确定"保存修正分。此功能可以查询学生组经营的最后成绩排名。

用户名 ↕	系统时间	公司名称	学校名称	得分 ↕	当前修正	累计修正	合计
201	第1年1季	1	1	8 000.0			--
202	第1年1季	1	1	8 000.0			--

图 6-56 排行榜单

7. 公共信息

点击主页面下方的菜单"公共信息",显示弹出框(见图 6-57)。在年份后的下拉框里选择要查询的年份,点击"确认信息"。

图 6-57 公共信息

点击"确认信息"后,页面跳转到每组的经营结果信息。

弹出框中央显示各组的本年经营利润以及权益列表,在下方显示本年的销售额市场老大（见图 6-58）。

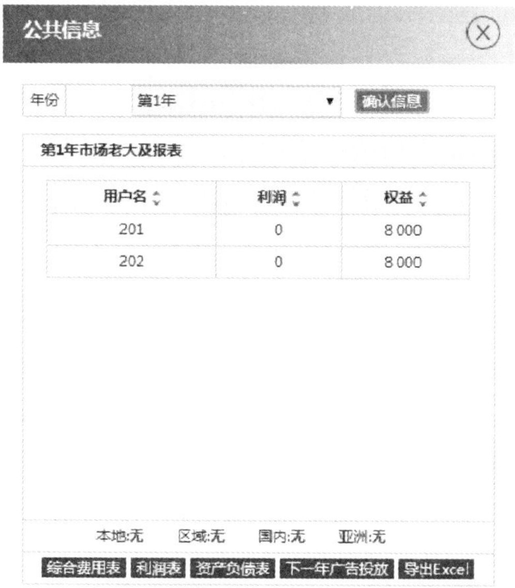

图 6-58　公共信息

点击“综合费用表”，页面跳转显示各组的综合费用表（见图 6-59）。

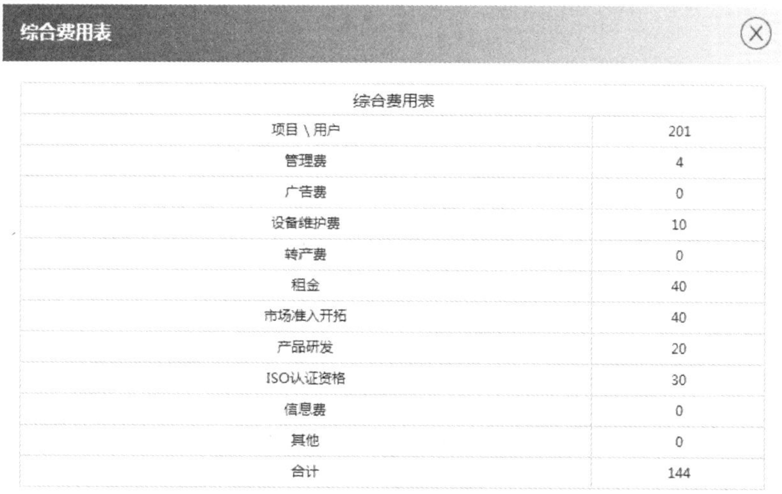

综合费用表

综合费用表	
项目 \ 用户	201
管理费	4
广告费	0
设备维护费	10
转产费	0
租金	40
市场准入开拓	40
产品研发	20
ISO认证资格	30
信息费	0
其他	0
合计	144

图 6-59　综合费用表

点击“利润表”，页面跳转显示各组的利润表（见图 6-60）。

利润表

利润表	
项目\用户	201
销售收入	0
直接成本	0
毛利	0
综合管理费用	144
折旧前利润	-144
折旧	0
支付利息前利润	-144
财务费用	0
税前利润	-144
所得税	0
净利润	-144

图 6-60　利润表

点击“资产负债表”，页面跳转显示各组的资产负债表（见图 6-61）。

资产负债表

资产负债表	
项目\用户	201
现金	7 546
应收款	0
在制品	0
产成品	0
原材料	150
流动资产合计	7 696
土地和建筑	0
机器与设备	60
在建工程	100
固定资产合计	160
资产总计	7 856

图 6-61　资产负债表

点击“下一年广告投放”，显示下一年年初各组的广告投资额。该统计数据分别以每组投放广告和每个市场各组投放广告对比的两种方式展现，可供选择（格式一如图 6-62 所示，格式二如图 6-63 所示）。

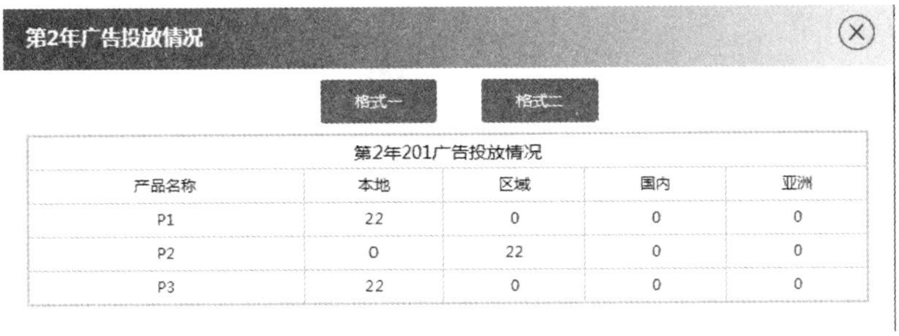

第2年201广告投放情况				
产品名称	本地	区域	国内	亚洲
P1	22	0	0	0
P2	0	22	0	0
P3	22	0	0	0

图 6-62　第 2 年广告投放情况格式一

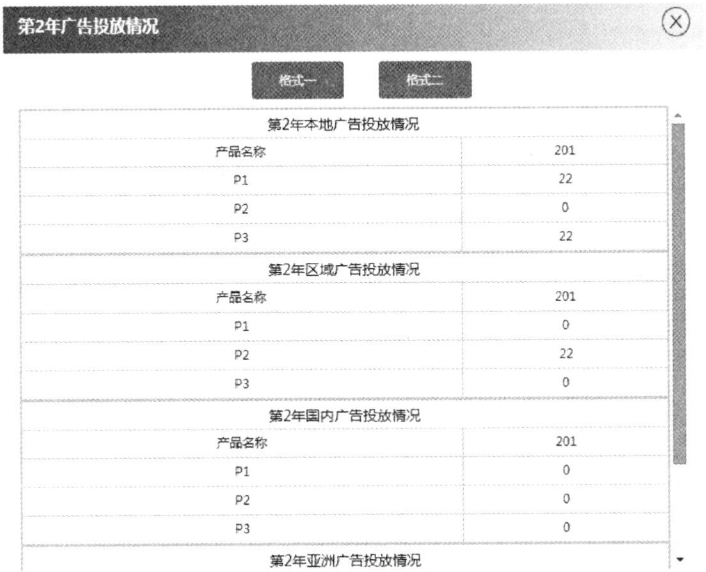

第2年本地广告投放情况	
产品名称	201
P1	22
P2	0
P3	22

第2年区域广告投放情况	
产品名称	201
P1	0
P2	22
P3	0

第2年国内广告投放情况	
产品名称	201
P1	0
P2	0
P3	0

第2年亚洲广告投放情况

图 6-63　第 2 年广告投放情况格式二

点击“导出 Excel”，将各组的对比信息以 Excel 的形式下载，供保存查阅，如图 6-64 所示。

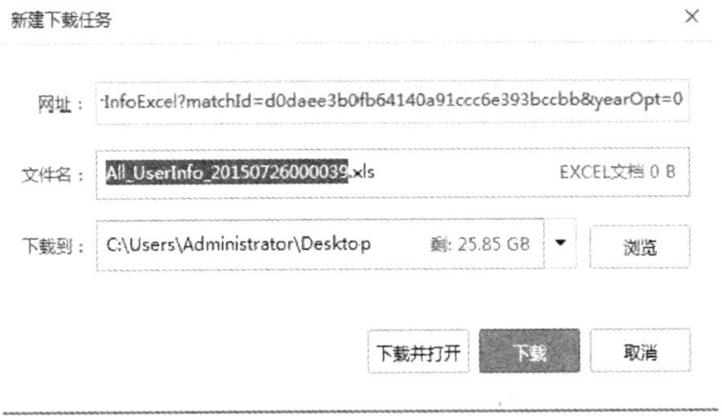

图 6-64　下载

8. 订单详情

点击主页面下方的菜单“订单详情”，弹出框显示该教学班所有年份的市场订单明细，如图 6-65 所示。

订单详情

订单列表

订单编号	年份	市场	产品	数量	总价	交货期	帐期	ISO	所属用户	状态
S211_01	第2年	本地	P1	4	208W	4季	1季	—	201	未到期
S211_02	第2年	本地	P1	2	112W	4季	2季	—	—	—
S211_03	第2年	本地	P1	4	208W	4季	3季	—	201	未到期
S211_04	第2年	本地	P1	2	96W	4季	2季	—	201	未到期
S211_05	第2年	本地	P1	1	53W	4季	3季	—	201	未到期
S211_06	第2年	本地	P1	4	201W	4季	1季	—	201	未到期
S211_07	第2年	本地	P1	4	179W	4季	0季	—	201	未到期
S211_08	第2年	本地	P1	3	154W	4季	1季	—	—	—
S211_09	第2年	本地	P1	4	216W	4季	2季	—	—	—
S211_10	第2年	本地	P1	2	96W	4季	2季	—	201	未到期
S211_11	第2年	本地	P1	2	117W	4季	0季	—	—	—
S211_12	第2年	本地	P1	3	161W	3季	1季	—	—	—
S211_13	第2年	本地	P1	4	197W	3季	2季	—	—	—
S212_01	第2年	本地	P2	2	144W	4季	2季	—	—	—

图 6-65 订单详情

9. 系统参数

点击主页面下方的菜单“系统参数”，弹出框显示该教学班初始化的参数设置，如图 6-66 所示。选择可修改的参数，在后面的下拉框或编辑框内修改即可对经营参数进行修改。点击“确认”，保存修改结果。其中，初始现金不可修改。

系统参数

最小得单广告额	1 W	拍卖会同拍数量	3 个
竞拍会竞单时间	90 秒	初始现金(股东资本)	8000 W
贴现率(1,2期)	10.0 %	贴现率(3,4期)	12.5 %
紧急采购倍数(原料)	2 倍	紧急采购倍数(产品)	3 倍
所得税率	25.0 %	信息费	1 W
库存折价率(原料)	80.0 %	库存折价率(产品)	100.0 %
贷款额倍数	3 倍	长期贷款利率	10.0 %
最大长贷年限	5 年	管理费	1 W
订单首选补时	15 秒	是否存在市场老大	○ 无 ◉ 有
订会市场同开数量	2 个	订货会选单时间	45 秒
违约扣款百分比	20.0 %	短期贷款利率	5.0 %
厂房数	4 个		

确认　取消

图 6-66 系统参数

10. 公告信息

点击主页面右上方的菜单"公告信息"（见图6-67），显示聊天对话框。

图 6-67 公共信息

选择发送消息对象某组或者全体，在编辑框内输入文字或表格，发送消息给学生端。当系统有默认设置的消息需要发布时，会直接在聊天框中弹出。

为了方便教师在每年结束时发送报表等信息，也方便学生保存，教师端有"下发公共文件"的按钮，包含下发财务报表、应收款及贷款、广告投放信息。该操作仅支持在当年结束到参加下一年订货会前操作，其他时间教师下发，学生端将无法收到（见图6-68）。

图 6-68 下发公告文件

11. 规则说明

点击主页面右上方的菜单"规则说明"，显示弹出框，即可查阅企业模拟经营的运营规则。该规则与初始化设置的系统参数一致，可根据参数设置不同而变动（见图6-69）。

经营规则说明

一、生产线

名称	投资总额	每季投资额	安装周期	生产周期	总转产费用	转产周期	维修费	残值	折旧费	折旧时间	分值
超级手工	30W	30W	0季	2季	0W	0季	5W/年	6W	6W	4年	0
自动线	150W	50W	3季	1季	20W	1季	20W/年	30W	30W	4年	8
柔性线	200W	50W	4季	1季	0W	0季	20W/年	40W	40W	4年	10

*安装周期为0,表示即买即用

*计算投资总额时,若安装周期为0,则按1算

*不论何时出售生产线,价格为残值,净值与残值之差计入损失

*只有空闲的生产线方可转产

*当年建成生产线需要交维修费

*折旧(平均年限法):建成当年不提折旧

图 6-69　经营规则说明

12. 市场预测

点击主页面右上方的菜单“市场预测”，显示弹出框，即可查阅此次企业模拟经营的市场预测信息，包含每个市场的需求数量值和市场均价（见图 6-70）。

市场预测

市场预测表——均价

序号	年份	产品	本地	区域	国内	亚洲
1	第2年	P1	51.23	50.89	0	0
2	第2年	P2	70.53	71.37	0	0
3	第2年	P3	88.69	89.86	0	0
4	第3年	P1	50.52	50.94	51.22	0
5	第3年	P2	71.90	70.43	71.39	0
6	第3年	P3	89.62	91.56	90.78	0
7	第4年	P1	47.78	51.65	49.58	50.41
8	第4年	P2	72.40	70.90	70.50	70.74
9	第4年	P3	91.44	95.19	94.09	93.27
10	第5年	P1	51.81	50.22	52.21	52.33
11	第5年	P2	72.03	74.73	68.05	71.17
12	第5年	P3	88.59	91.94	90.56	89.96
13	第6年	P1	50.05	50.48	49.00	52.41
14	第6年	P2	70.29	69.38	69.38	69.75

图 6-70　市场预测

三、方案制作工具操作说明

（一）规则方案工具

从产品安装光盘中将“规则方案制作工具”及“msvcr120.dll”“SeenTao.dll”“VMProtectSDK32.dll”插件文件拷贝到准备安装的目录下，保证加密锁插入并正常运行，双击“规则方案制作工具”图标（见图 6-71）。

新道规则方案制作工具

图 6-71　规则方案制作工具

打开"登录页面"（见图 6-72）后，点击"规则工具"，跳转到"操作页面"（见图 6-73）。

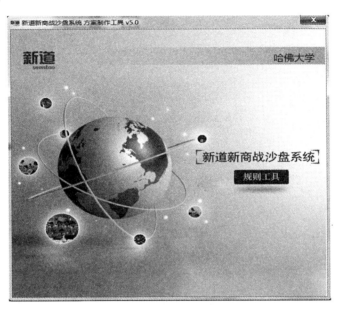

图 6-72　登录页面

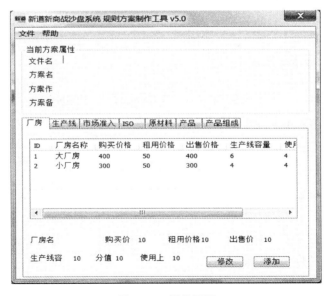

图 6-73　操作页面

点击"文件—新建方案",编辑方案文件、方案名称、方案作者、备注等信息（见图 6-74）。

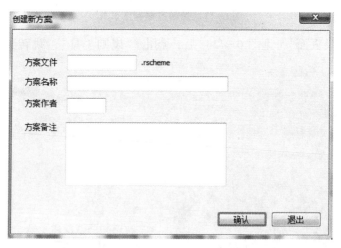

图 6-74　创建方案

分别选择厂房、生产线、市场准入、ISO、原材料、产品、产品组成等页签进行规则编辑（见图 6-75）。

ID	厂房名称	购买价格	租用价格	出售价格	生产线容量
1	大厂房	400	50	400	6
2	小厂房	300	50	300	4

厂房名称　　　　　购买价格 10　　　租用价格 10　　　出售价格 10

生产线容量 10　　　分值 10　　　使用上限 10　　　[修改]　[添加]

图 6-75　规则编辑

例如，厂房的规则编辑，选中一条厂房数据，该厂房信息显示在下方，可以修改各字段值，确认后点击"修改"，上方页签内即更新数据信息；若想再添加厂房种类，不选中任意一条已有数据，编辑下方各项信息，完成后点击"添加"，新数据建立，但厂房名称不可以重复。

各页签完成修正后，点击对话框左上角"文件—保存"，弹出"保存成功"揭示框，并且在安装目录下生成了一个文件夹"规则方案"，即规则文件所在（见图 6-76）。

图 6-76　规则方案

（二）订单方案工具

从安装光盘中将"订单方案制作工具"及"msvcr120.dll""SeenTao.dll""VMProtectSDK32.dll"插件文件拷贝到准备安装的目录下，保证加密锁插入并正常运行，双击"订单方案制作工具"图标（见图 6-77）。

图 6-77　订单方案制作工具

打开"登录页面"（见图 6-78）后，点击"订单工具"，跳转到"操作页面"（见图 6-79）。

图 6-78　登录页面

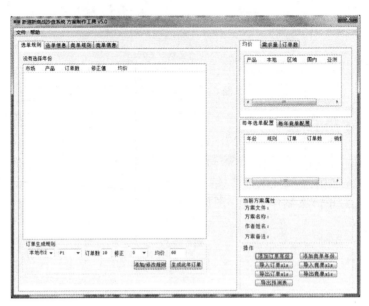

图 6-79　操作页面

点击页面左上角"文件—新建",编辑方案文件、方案名称、方案作者、方案备注等信息。

1. 添加订单

点击页面右下角"添加订单年份",弹出年份选择框,如图 6-80 所示。

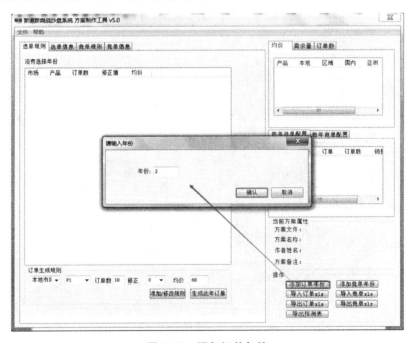

图 6-80　添加订单年份

确认后"每年选单配置"增加了该年数据，选中该年，如图 6-81 所示。

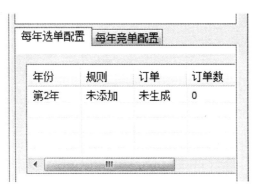

图 6-81　选中该年份

在页面左下角可以看到对于该年订单生成的规则字段，编辑信息，点击"添加/修改规则"，该年的选单规则就产生了，如图 6-82 至图 6-84 所示。

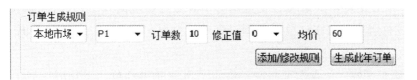

图 6-82　"添加/修改规则"（1）

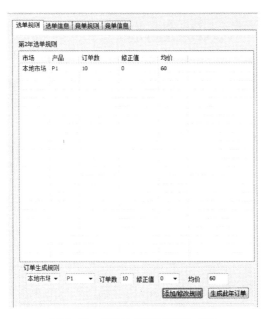

图 6-83　"添加/修改规则"（2）

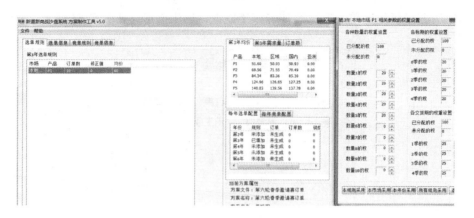

图 6-84　产生选单规则

依此建立订单规则，点击生成的订单规则，页面右边弹出对话框"市场设置相关参数"，可以对订单的数量、交货期等字段做出相应的权重选择，同类权重相加为 100。这样解决了以往订单不合理、废单等情况。编辑后，可以在页面下方选择应用范围，如本市场或本规则等。

当规则定义好后，点击页面左下角的"生成此年订单"，自动跳转到第二个页签显示"订单详细信息"，如图 6-85 所示。

选单规则	选单信息	竞单规则	竞单信息				

第2年选单信息

序号	订单号	市场	产品	数量	总价	账期	交货期	ISO
1	S211_01	本地	P1	5	283	1季	4季	无
2	S211_02	本地	P1	2	125	2季	4季	无
3	S211_03	本地	P1	3	181	0季	1季	无
4	S211_04	本地	P1	2	136	2季	2季	无
5	S211_05	本地	P1	1	51	3季	1季	无
6	S211_06	本地	P1	2	120	2季	4季	无
7	S211_07	本地	P1	3	195	2季	4季	无
8	S211_08	本地	P1	4	254	4季	4季	无
9	S211_09	本地	P1	4	229	1季	3季	无
10	S211_10	本地	P1	5	318	3季	2季	无

图 6-85　订单详细信息

在页面右上角也可以看到根据这样的选择规则生成的市场预测信息。

2. 添加竞单

点击页面右下角"添加竞单年份"，弹出年份选择框，如图 6-86 所示。

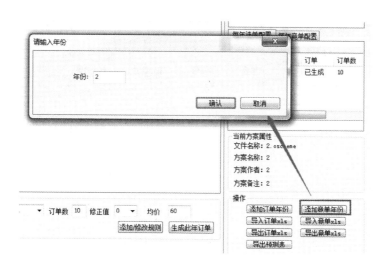

图 6-86　添加竞单年份

确认后"每年竞单配置"增加了该年数据，选中该年，如图 6-87 所示。

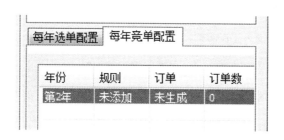

图 6-87　选中该年份

在页面左下角可以看到对于该年竞单生成的规则字段，编辑信息，点击"添加/修改规则"，该年的竞单规则就产生了，如图 6-88 和图 6-89 所示。

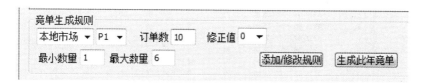

图 6-88　"添加/修改规则"（1）

图6-89 "添加/修改规则"（2）

依此建立竞单规则，点击生成的竞单规则，当规则定义好后，点击页面左下角的"生成此年竞单"，自动跳转到第四个页签显示竞单详细信息，如图6-90所示。

序号	订单号	市场	产品	数量	ISO
1	A211_01	本地	P1	4	无
2	A211_02	本地	P1	1	无
3	A211_03	本地	P1	5	无
4	A211_04	本地	P1	4	无
5	A211_05	本地	P1	3	无
6	A211_06	本地	P1	4	无
7	A211_07	本地	P1	2	无
8	A211_08	本地	P1	4	无
9	A211_09	本地	P1	1	无
10	A211_10	本地	P1	4	无

图6-90 竞单信息

在页面右上角也可以看到根据这样的竞择规则生成的市场预测信息。

当订单方案和竞单方案制作完成后，点击页面左上角"文件—保存"，也可以进行页面右下角"导出方案""导出市场预测"等操作。

第七章
体验商战沙盘 V5.0 学生端模拟企业经营

学习目标

通过本章的学习，学员应该能够：

(1) 初步了解商战沙盘。

(2) 理解商战沙盘各岗位角色。

(3) 明确商战沙盘经营目标。

(4) 熟悉商战沙盘的操作流程，明确各流程监控点。

(5) 理解商战沙盘的规则，并运用于流程中。

(6) 掌握财务报表的填写，并做好相应的财务分析。

219

一、全年运营流程说明

（一）年度运营总流程

新商战模拟运营企业经营 6 个年度，每个年度分设 4 个季度运行。全年运营总流程如图 7-1 所示。

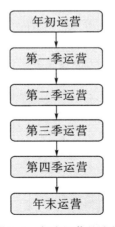

图 7-1　年度运营总流程

（二）年初运营流程

年初企业运营过程包括年度规划会、投放广告、支付广告费、支付所得税、参加订货会、长期贷款。年初运营流程如图 7-2 所示。

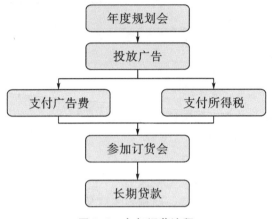

图 7-2 年初运营流程

（三）每季度内运营流程

每季度内运营流程如图 7-3 所示。

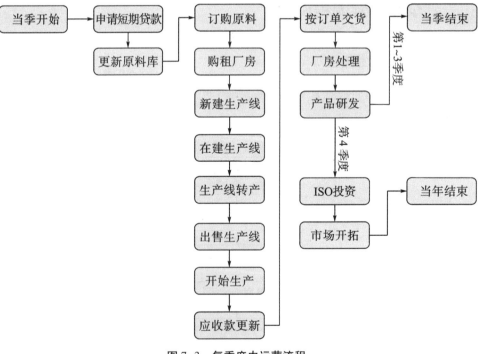

图 7-3 每季度内运营流程

（四）年末操作流程

年末运营操作主要包含填写报表和投放广告。年末操作流程如图 7-4 所示。

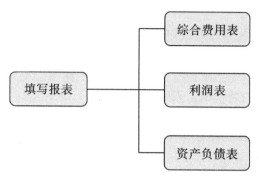

图 7-4 年末操作流程

（五）流程外运营操作

除上述运营操作外，企业随时可进行如图 7-5 所示的运营操作。

图 7-5 流程外运营操作

为保证企业按规则经营，系统限制了各组企业在参加竞单会过程中进行紧急采购和间谍操作。

二、操作说明

学生端操作流程

（一）年初运营操作

1. 年度规划会议

年度规划会议在每运营年度开始时召开，在软件中无需操作。年度规划会议一般由团队的 CEO 主持召开，会同团队中的采购、生产、销售等负责人一起进行全年的市场预测分析、广告投放、订单选取、产能扩张、产能安排、材料订购、订单交货、产品研发、市场开拓、筹资管理和现金控制等方面的分析和决策规划，最终完成全年运营的财务预算。

221

2. 支付广告费和支付所得税

当年结束，系统时间切换到下一年年初，需要投放广告，确认投放后系统会自动扣除所投放的广告费和上年应缴纳的所得税。

3. 参加订货会

操作：点击主页面下方操作区中的菜单"参加订货会"，弹出"订货会就绪"对话框（见图7-6）或"参加订货会"对话框（见图7-7）。当其他企业存在未完成投放广告操作时，系统会显示图7-6；当所有企业均已经完成投放广告，并且教师（裁判）已经启动订货会时，系统会显示图7-7。

图 7-6　订货会就绪

参加订货会

本地（P1，201）区域（P2，201）正在选单 国内 亚洲 无广告

本地	区域	国内	亚洲

201参加第2年订货会。当前回合为本地市场、P1产品、选单用户201、剩余选单时间为23秒。

ID	用户	产品广告	市场广告	销售额	次数		编号	总价	单价	数量	交货期	账期	ISO	操作
1	201	22	44	0	4		S211_02	112	56.00	2	4	2		
							S211_08	154	51.33	3	4	1		
							S211_09	216	54.00	4	4	2		
							S211_11	117	58.50	2	4	0		
							S211_12	161	53.67	3	3	1		
							S211_13	197	49.25	4	3	1		

图 7-7　参加订货会

说明：系统会提示正在进行选单的市场（显示为红色）、选单用户和剩余选单时间，企业选单时特别要关注上述信息。

对话框左边显示某市场的选单顺序、右边显示该市场的订单列表。未轮到当前用户选单时，右边操作一列无法点击。当轮到当前用户选单时，操作显示"选中"，点击"选中"，成功选单。当选单倒计时结束后用户无法选单。

选单时，要特别注意两个市场同时进行选单的情况。此时很容易漏选市场订单。

全部市场选单结束后，订货会结束。

4. 长期贷款

操作：点击主页面下方操作区中菜单"申请长贷"，弹出"申请长贷"对话框（见图 7-8）。弹出框中显示本企业当前时间可以贷款的最大额度，点击"需贷款年限"下拉框，选择贷款年限，在"需贷款额"录入框内输入贷款金额，点击"确认"，即申请长期贷款成功。

图 7-8　申请长期贷款

说明：需贷款年限，系统预设有 1 年、2 年、3 年、4 年和 5 年；最大贷款额度系统设定为上一年年末企业所有者权益的 n 倍，n 具体为多少，由教师（裁判）在参数设置中设定。需贷款额由企业在年度规划会议中根据企业运营规划确定，但不得超过最大贷款额度。

长期贷款分期付息、到期一次还本。年利率由教师（裁判）在参数设置中设定。

举例：若长期贷款年利率设定为 10%，贷款额度设定为上一年年末所有者权益的 3 倍，企业上一年年末所有者权益总额为 80W，则本年度贷款上限为 240W。假定企业之前没有贷款，则本次贷款最大额度为本年度贷款上限，即为 240W。若企业之前已经存在 100W 的贷款，则本次贷款最大额度为本年度贷款上限减去已贷金额，即 140W。

若企业第一年年初贷入了 100W，期限为 5 年，则系统会在第 2~6 年年初自动扣除长期贷款利息 10W，并在第 6 年年初自动偿还贷款本金 100W。

（二）每季度运营操作

1. 当季开始

操作：点击"当季开始"按钮，系统会弹出"当季开始"对话框（见图 7-9）。该操作完成后才能进入季度内的各项操作。

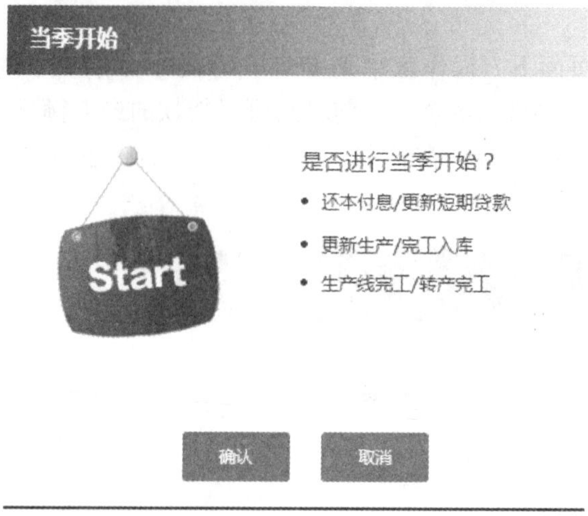

图 7-9　当季开始

说明：进行当季开始操作时，系统会自动完成短期贷款的更新，偿还短期借款本息，检测更新生产/完工入库情况（若已完工，则完工产品会自动进入产品库，可通过查询库存信息了解入库情况），检测生产线完工/转产完工情况。

2. 申请短期贷款

操作：点击主页面下方操作区中菜单"申请短期贷款"，弹出"申请短期贷款"对话框（见图 7-10）。在"需贷款额"后输入金额，点击"确认"，即申请短期贷款成功。

图 7-10　申请短期贷款

说明：短期贷款期限默认为 1 年，到期一次性还本付息，贷款年利率由教师/裁判在参数设置中设定，短期贷款申请时不得超过"申请短期贷款"对话框中的"最大贷款额度"。

举例：假定企业短期贷款年利率为 5%，企业若在第 1 年第 1 季度贷入 20W，那么企业需要在第 2 年第 1 季度偿还该笔短期贷款的本金 20W 和利息 1W（20W×5%）。

3. 更新原料库

操作：点击主页面下方操作区中菜单"更新原料库"，弹出"更新原料"对话框（见图 7-11），提示当前应入库原料需支付的现金。确认金额无误后，点击"确认"，系统扣除现金并增加原料库存。

图 7-11　更新原料

说明：企业经营沙盘运营中，原材料一般分为 R1、R2、R3、R4 四种，它们的采购价由系统设定，一般每个原材料价格均为 1W。其中，R1、R2 两种原材料是在订购 1 个季度后支付，R3、R4 两种原材料是在订购 2 个季度后支付。

举例：假定每种原材料每个采购价均为 1W，若某企业在第 1 季度订购了 R1、R2、R3、R4 各 1 个，第 2 季度又订购了 R1、R2、R3、R4 各 2 个，则第 2 季度更新原料操作时，需支付的材料采购款为 2W（第 1 季度订购的 R1 和 R2 材料款），第 3 季度更新原料操作时，需支付的材料采购款为 6W（第 1 季度订购的 R3、R4 材料款和第 2 季度订购的 R1、R2 材料款）。分析过程如图 7-12 所示。

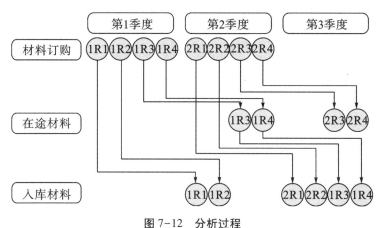

图 7-12　分析过程

4. 订购原料

操作：点击主页面下方操作区中菜单"订购原料"，弹出"订购原料"对话框（见图 7-13），显示原料名称、价格以及运货期信息，在数量一列输入需订购的原料数量值，点击"确认"即可。

图 7-13　订购原料

说明：企业原材料一般分为 R1、R2、R3、R4 四种，其中 R1、R2 两种原材料需提前 1 个季度订购，在 1 个季度后支付材料款并入库；R3、R4 两种原材料需提前 2 个季度订购，在 2 个季度后支付材料款并入库。材料订购数量由后期生产需要来决定，订购多了会造成现金占用；订购少了则不能满足生产需要，会造成生产线停产，甚至不能按期完成产品交货，导致产品订单违约。

举例：若企业第 2 季度需要领用 5R1、4R2，第 3 季度需要领用 3R1、4R2、5R3、4R4，第 4 季度需要领用 4R1、6R2、4R3、5R4，则企业第 1 季度需要订购的原材料为 5R1、4R2、5R3、4R4，第 2 季度需要订购的原材料为 3R1、4R2、4R3、5R4。分析过程如图 7-14 所示。

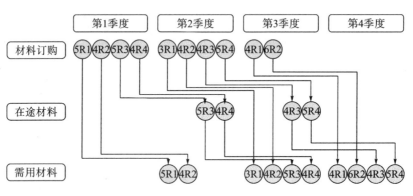

图 7-14　分析过程

5. 购租厂房

操作：点击主页面下方操作区中菜单"购租厂房"，弹出"购租厂房"对话框（见图 7-15）。点击下拉框选择厂房类型，下拉框中提示每种厂房的购买价格、租用价格等。选择订购方式，买或租。点击"确认"即可。

企业行为模拟——ERP 沙盘模拟

图 7-15　购租厂房

说明：厂房类型根据需要选择大厂房或小厂房，订购方式可以根据需要选择买或租。厂房每季度均可购入或租入。

若选择购买，则需要一次性支付购买价款，无后续费用；若选择租入，则需要每年支付租金，租金支付时间为租入当时以及以后每年对应季度的季末。

举例：若企业在第 1 年第 2 季度选择购入 1 个大厂房，则系统会在购入时一次性扣除相应的购买价款，以后不再产生相关扣款。

若企业在第 1 年第 2 季度选择租入 1 个大厂房，则需要在第 1 年第 2 季度租入时支付第 1 年租金，以后每年的租金由系统自动在第 2 季度季末支付。

6. 新建生产线

操作：点击主页面下方操作区中菜单"新建生产线"，弹出"新建生产线"对话框（见图 7-16）。选择放置生产线的厂房，点击"类型"下拉框；选择要新建的生产线类型，下拉框中有生产线购买的价格信息；选择新建的生产线计划生产的产品类型，点击"确认"即可。

图 7-16　新建生产线

新建多条生产线时，无需退出该界面，可以重复操作。

227

说明：生产线一般包括手工线、半自动线、自动线和柔性线等，各种生产线的购买价格、折旧、残值、生产周期、转产周期、建造周期详见规则说明。

举例：若规则规定手工线买价为30W、建造期为0Q，半自动线买价为100W、建造期为1Q，自动线买价为150W、建造期为3Q，柔性线买价为200W、建造期为4Q。

企业如果在第1年第1季度同时建造上述生产线，则第1季度新建生产线时需支付23W（手工线50W、半自动线100W、自动线50W、柔性线50W），第2季度在建生产线时需支付100W（自动线50W、柔性线50W），第3季度在建生产线时需支付100W（自动线50W、柔性线50W），第4季度在建生产时需支付50W（柔性线50W）。建造过程如表7-1所示。

表7-1　建造过程

项目	第1年第1季度	第1年第2季度	第1年第3季度	第1年第4季度	第2年第1季度	总投资额
手工线	30W 建成					30W
半自动线	100W 在建	建成				100W
自动线	50W 在建	50W 在建	50W 在建	建成		150W
柔性线	50W 在建	50W 在建	50W 在建	50w 在建	建成	200W
当季投资总额	230W	100W	100W	50W		

7. 在建生产线

操作：点击主页面下方操作区中菜单"在建生产线"，弹出"在建生产线"对话框（见图7-17）。弹出框中显示需要继续投资建设的生产线的信息，勾选决定继续投资的生产线，点击"确认"即可。

在建生产线

选择项	编号	厂房	类型	产品	累积投资	开建时间	剩余时间
☐	1414	大厂房(1389)	自动线	⊞	50W	第1年1季	2季
☐	1420	大厂房(1389)	自动线	⊞	50W	第1年1季	2季

图7-17　在建生产线

说明：只有处在建造期的生产线才会在"在建生产线"对话框中显示，该对话框中会提供处于建造期间的生产线的累计投资、开建时间和剩余时间。

8. 生产线转产

操作：点击主页面下方操作区中菜单"生产线转产"，弹出"生产线转产"对话框（见图7-18）。弹出框中显示可以进行生产转产的生产线信息，勾选转产的生产线以及转线要生产的产品，点击"确认转产"即可。

图7-18 生产线转产

说明：生产线建造时已经确定生产的产品种类。但是在企业运营过程中，为完成不同产品数量的订单按时交货，可能会对生产线生产的产品进行适当的转产操作，转产时要求该生产线处于待生产状态，否则不可以进行转产操作。

转产时，不同生产线的转产费用和转产周期是有区别的，具体详见规则说明。当转产周期大于1Q时，下一季度点击生产线转产，弹出框中显示需要继续转产的生产线，勾选即继续投资转产，不选即中断转产。

举例：假定规则规定手工线转产周期为0Q、转产费用为0W。若某手工线原定生产P1产品，现在需要转产为P2产品，则转产时要求该手工线上没有在产品方能转产，并且转产当季即可上线生产新的P2产品，无需支付转产费用。

假定规则规定半自动线转产周期为1Q，转产费用为1W。若某半自动线原定生产P1产品，现在需要转产为P2产品，则转产时要求该半自动线上没有在产品方能转产，需要进行1个季度的"生产线转产"操作后，方能上线生产新的P2产品，并且需要支付相应的转产费用1W。

9. 出售生产线

操作：点击主页面下方操作区中菜单"出售生产线"，弹出"出售生产线"对话框（见图7-19）。弹出框中显示可以进行出售的生产线信息，勾选要出售的生产线，点击"确认"即可。

出售生产线

选项	生产线编号	类型	开建时间	所属厂房	产品	净值	建成时间
☐	1407	超级手工(1407)	第1年1季	大厂房(1389)	▣	30	第1年1季
☐	1410	超级手工(1410)	第1年1季	大厂房(1389)	▣	30	第1年1季

确认   取消

图 7-19   出售生产线

说明：生产线出售的前提是该生产线是空置的，即没有在生产产品。出售时按残值收取现金，按净值（生产线的原值减去累计折旧后的余额）与残值之间的差额作为企业损失。已提足折旧的生产线不会产生出售损失，未提足折旧的生产线必然产生出售损失。

举例：假定规则确定半自动线建设期为 1Q、原值为 10W、净残值为 2W、使用年限为 4 年，若某企业第 1 年第 1 季度开建一条半自动线，则该生产线系第 1 年第 2 季度建成，只要该生产线处于待生产状态即可进行出售。

若建成后当年将其出售，企业会收到 2W 现金，同时产生 8W 损失（原值 10W-累计折旧 0W-净残值 2W）；若第 2 年将其出售，则会收到 2W 现金，同时产生 6W 损失（原值 10W-累计折旧 2W-净残值 2W），以此类推。

10. 开始生产

操作：点击主页面下方操作区中菜单"开始生产"，弹出"开始下一批生产"对话框（图 7-20）。弹出框中显示可以进行生产的生产线信息，勾选要投产的生产线，点击"确认"即可。

开始下一批生产

生产线编号	所属厂房	生产线类型	生产类型	☐全选
1407	大厂房(1389)	超级手工(1407)	▣	☐
1410	大厂房(1389)	超级手工(1410)	▣	☐

确认   取消

图 7-20   开始下一批生产

企业行为模拟——ERP沙盘模拟

说明：开始下一批生产时保证相应的生产线空闲、产品完成研发、生产原料充足、投产用的现金足够，上述四个条件缺一不可。开始下一批生产操作时，系统会自动从原材料仓库领用相应的原材料，并从现金库扣除用于生产的人工费用。

举例：假定规则规定 P1 产品构成为"1R1+10W"，当前想在某半自动线上生产 P1 产品，则要求该半自动线此时没有在产品（因为一条生产线同时只能生产 1 个产品），并且原材料仓库需要有 1 个 R1 原材料以及 10W 的现金余额用于支付产品生产的人工费。上线生产后，系统会自动从 R1 原材料库中领用 1 个 R1，并从现金库中扣除 10W 的生产费用。

11. 应收款更新

操作：点击主页面下方操作区中菜单"应收款更新"，弹出"应收款更新"对话框（见图 7-21），点击"确认"即可。

图 7-21　应收款更新

说明：应收款更新操作实质上是将企业所有的应收款项减少 1 个收账期，分为两种情况：一是针对本季度尚未到期的应收款，系统会自动将其收账期减少 1 个季度；二是针对本季度到期的应收款，系统会自动计算并在"收现金额"框内显示，将其确认收到，系统会自动增加企业的现金。

举例：若某企业上季度末应收款有两笔，一笔是账期为 3Q、金额为 20W 的应收款，另一笔是账期为 1Q、金额为 30W 的应收款。企业本季度进行应收款更新时，系统会将账期为 3Q、金额为 20W 的应收款更新为账期为 2Q、金额为 20W 的应收款，同时系统会自动将账期为 1Q、金额为 30W 的应收款收现。

12. 按订单交货

操作：点击主页面下方操作区中菜单"按订单交货"，弹出"订单交货"对话框（见图 7-22），点击每条订单后的"确认交货"即可。

231

交货订单

订单编号	市场	产品	数量	总价	得单年份	交货期	账期	ISO	操作
S211_01	本地	P1	4	208W	第2年	4季	1季	–	确认交货
S211_03	本地	P1	4	208W	第2年	4季	3季	–	确认交货
S211_04	本地	P1	2	96W	第2年	4季	2季	–	确认交货
S211_05	本地	P1	1	53W	第2年	4季	3季	–	确认交货
S211_06	本地	P1	4	201W	第2年	4季	1季	–	确认交货
S211_07	本地	P1	4	179W	第2年	4季	0季	–	确认交货
S211_10	本地	P1	2	96W	第2年	4季	2季	–	确认交货

图 7-22　订单交货

说明：订单交货对话框中会显示年初订货会上取得的所有产品订单，该订单会提供订单销售收入总价、某订单需交的产品种类和数量、交货期限、账期等信息。点击相应订单右边的"确认交货"后，若相应产品库存足够的情况下提示交货成功，若库存不足的情况下弹出库存不足的提示框。订单交货后会收取相应的现金或产生相应的应收款。

13. 厂房处理

操作：点击主页面下方操作区中菜单"厂房处理"，弹出"厂房处理"对话框（见图 2-23）。选择厂房的处理方式，系统会自动显示出符合处理条件的厂房以供选择。勾选厂房，点击"确认"即可。

厂房处理

处理方式　◉ 卖出（买转租）　◯ 退租　◯ 租转买

选择项	厂房	厂房状态	容量	剩余容量	最后付租

确认　　取消

图 7-23　厂房处理

说明：厂房处理方式包括卖出（买转租）、退租、租转买三种。

买转租操作针对原购入的厂房，实质上此操作包括两个环节，一是卖出厂房，二是将此厂房租回。卖出厂房将根据规则产生一定金额、一定账期的应收款（详见规则说明），租入厂房需要支付对应的租金。

退租操作针对原租入的厂房，该操作要求厂房内无生产设备，若从上年支付租金时开始算租期未满 1 年的，则无需支付退租当年的租金，反之则需支付退租当年的租金。

　　租转买操作针对原租入的厂房，该操作实质上包括两个环节，一是退租，二是将该厂房买入。退租当年租金是否需要支付参照"退租操作"说明，购买厂房时需支付相应的购买价款。

　　举例：假定规则规定某大厂房购买价为 30W，租金为 4W/年。

　　若企业欲将原购入的大厂房买转租，则会产生期限为 4Q、金额为 30W 的应收款，同时系统会在买转租时自动扣除当期厂房租金 4W。

　　若企业于上一年第 2 季度租入一个大厂房，如果在本年度第 2 季度结束前退租，则系统无需支付第 2 个年度的厂房租金；如果在本年度第 2 季度结束后退租，则系统需要扣除第 2 个年度的厂房租金 4W。此操作要求该厂房内无生产设备。

　　若企业欲租转买原租入的大厂房，则系统仍会在大厂房租入的对应季度扣除当年的租金，并且在租转买时支付大厂房的购买价款 30W。

　　14. 产品研发

　　操作：点击主页面下方操作区中菜单"产品研发"，弹出"产品研发"对话框（见图 7-24），勾选需要研发的产品，点击"确认"即可。

图 7-24　产品研发

　　说明：产品研发按照季度来投资，每个季度均可操作，中间可以中断投资，直至产品研发完成，产品研发成功后方能生产相应的产品。产品研发的规则详见规则说明。

　　举例：若规则规定 P1、P2、P3 的研发规则如图 7-24 所示，则某企业在第 1 年第 1 季度开始同时研发上述 3 种产品，并且中间不中断研发，第 1 年第 1 季度需支付研发费 30W，第 1 季度无产品研发完成；第 1 年第 2 季度需支付研发费 30W，此时 P1 产品研发完成，第 3 季度即可生产 P1 产品；第 1 年第 3 季度需支付研发费用 20W，此时 P2 产品研发完成，第 4 季度即可生产 P2 产品；第 1 年第 4 季度需支付研发费用 10W，此时 P3 产品研发完成，第 2 年第 1 季度即可生产 P3 产品。具体研发过程如表 7-2 所示。

表 7-2　研发过程

项目	第1年 第1季度	第1年 第2季度	第1年 第3季度	第1年 第4季度	第2年 第1季度
P1	10W	10W	研发完成		
P2	10W	10W	10W	研发完成	
P3	10W	10W	10W	10W	研发完成
当季投资总额	30W	30W	20W	20W	10W

15. ISO 投资

操作：该操作只有每年第 4 季度才出现。点击主页面下方操作区中菜单"ISO投资"，弹出"ISO 投资"对话框（见图 7-25），勾选需要投资的 ISO 资质，点击"确认"即可。

图 7-25　ISO 投资

说明：ISO 投资包括产品质量（ISO9000）认证投资和产品环保（ISO14000）认证投资。企业若想在订货会上选取带有 ISO 认证的订单，必须取得相应的 ISO 认证资格，否则不能选取该订单。ISO 投资每年进行一次，可以中断投资，直至 ISO 投资完成。

举例：若企业在订单市场中想选择带有 ISO9000 的产品订单，则该企业必须已经完成 ISO9000 的投资，否则不能选择该订单。

假定 ISO 投资规则如图 7-25 所示，企业若在第 1 年同时开始投资 ISO9000 和ISO14000，中间不中断投资，则第 1 年该企业需支付 ISO 投资额 30W（ISO9000 投资费用 10W+ISO14000 投资费用 20W），第 2 年该企业还需支付 ISO 投资额 30W，此时完成 ISO 投资，该企业方可以在第 3 年的年度订货会中选取带有 ISO 资格要求的订单。

16. 市场开拓

操作：该操作只有每年第 4 季度才出现。点击主页面下方操作区中菜单"市场开拓"，弹出"市场开拓"对话框（见图 7-26），勾选需要研发的市场，点击"确认"即可。

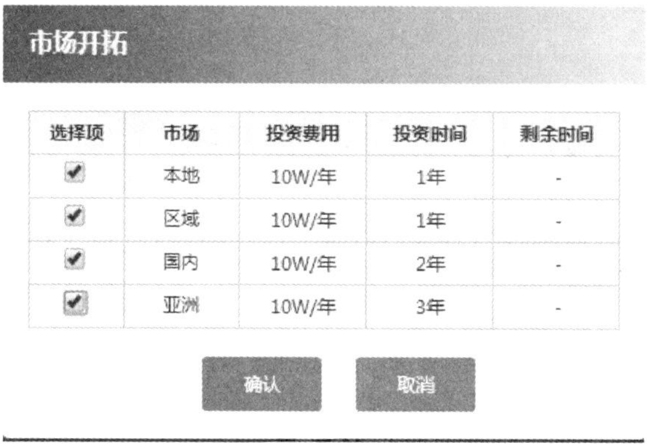

图 7-26　市场开拓

说明：在企业经营沙盘中，市场包括本地市场、区域市场、国内市场、亚洲市场和国际市场。市场开拓是企业进入相应市场投放广告、选取产品订单的前提。市场开拓相关规则详见规则说明。市场开拓每年第 4 季度末可以操作一次，中间可以中断投资。

举例：假定规则规定本地市场、区域市场、国内市场、亚洲市场和国际市场的开拓期分别为 0、1 年、2 年、3 年、4 年，开拓费用均为每年 1W。若企业从第 1 年年末开始开拓所有市场，并且中间不中断投资，则：

第 1 年需支付 50W（每类市场 10W）市场开拓费用，并且当即完成本地市场的开拓，即在第 2 年年初的订货会上可对本地市场投放广告、选取订单。

第 2 年年末需支付 30W（国内市场、亚洲市场、国际市场各 10W）市场开拓费用，并且完成区域市场和国内市场的开拓，即在第 3 年年初的订货会上可以对本地市场、区域市场和国内市场投放广告、选取订单。

第 3 年年末需支付 20W（亚洲市场、国际市场各 10W）市场开拓费用，并且完成亚洲市场的开拓，即在第 4 年年初的订货会上可以对本地市场、区域市场、国内市场和亚洲市场投放广告、选取订单。

第 4 年年末需支付 10W（国际市场 10W）市场开拓费用，并且完成国际市场的开拓，即在第 5 年年初的订货会上可对所有市场投放广告、选取订单。

17. 当季（年）结束

操作：该操作在每年第 1～3 季度末显示"当季结束"，每年第 4 季度末显示"当年结束"。点击主页面下方操作区中菜单"当季结束"或"当年结束"，弹出"当季结束"对话框（见图 7-27）或"当年结束"对话框（见图 7-28）。核对当季（年）结束需要支付或更新的事项。确认无误后，点击"确认"即可。

235

当季结束

是否进行当季结束？
- 支付行政管理费
- 厂房续租
- 检测"产品开发"完成情况

[确认] [取消]

图 7-27　当季结束

当年结束

是否进行当年结束？
- 支付行政管理费
- 厂房续租
- 检测产品开发完成情况
- 检测新市场开拓完成情况
- 检测ISO资格认证投资完成情况
- 支付设备维修费
- 计提折旧
- 违约扣款

[确认] [取消]

图 7-28　当年结束

　　说明：当季结束时，系统会自动支付行政管理费、厂房续租租金，检查产品开发完成情况。

　　当年结束时，系统会自动支付行政管理费、厂房续租租金，检测产品开发、ISO投资、市场开拓情况，自动支付设备维修费、计提当年折旧、扣除产品违约订单的罚款。

（三）年末运营操作

1. 填写报表

操作：点击主页面下方操作区中菜单"填写报表"，弹出"填写报表"对话框（见图 7-29）。依次在综合费用表、利润表、资产负债表的编辑框内输入相应计算数值，三张表填写过程中都可以点击"保存"，即暂时保存数据。点击"提交"，即提交结果，系统计算数值是否正确并在教师端公告信息中显示判断结果。

综合费用表

综合费用表	利润表	资产负债表

管理费	0 W
广告费	0 W
设备维护费	0 W
转产费	0 W
租金	0 W
市场准入开拓	0 W
ISO认证资格	0 W
产品研发费	0 W
信息费	0 W
其他	0 W
合计	0W

提交　　保存

图 7-29　填写报表

说明：综合费用表反映企业期间费用的情况，具体包括管理费、广告费、设备维护费、厂房租金、市场开拓费、ISO 认证费、产品研发费、信息费和其他等项目。其中，信息费是指企业为查看竞争对手的财务信息而支付的费用，具体由规则确定。

利润表反映企业当期的盈利情况，具体包括销售收入、直接成本、综合费用、折旧、财务费用、所得税等项目。其中，销售收入为当期按订单交货后取得的收入总额，直接成本为当期销售产品的总成本，综合费用根据综合费用表中的合计数填列，折旧系当期生产线折旧总额，财务费用为当期借款所产生的利息总额，所得税根据利润总额计算。

此外，下列项目系统自动计算，公式如下：

销售毛利=销售收入-直接成本

折旧前利润=销售毛利-综合费用

支付利息前利润=折旧前利润-折旧

税前利润=支付利息前利润-财务费用

净利润＝税前利润－所得税

资产负债表反映企业当期财务状况，具体包括现金、应收款、在制品、产成品、原材料等流动资产，土地建筑物、机器设备和在建工程等固定资产，长期负债、短期负债、特别贷款、应交税费等负债，以及股东资本、利润留存、年度净利等所有者权益项目。

其中，相关项目填列方法如下：

现金根据企业现金结存数填列。

应收款根据应收款余额填列。

在制品根据在产的产品成本填列。

产成品根据结存在库的完工产品总成本填列。

原材料根据结存在库的原材料总成本填列。

土地建筑物根据购入的厂房总价值填列。

机器设备根据企业拥有的已经建造完成的生产线的总净值填列。

在建工程根据企业拥有的在建的生产线的总价值填列。

长期负债根据长期借款余额填列。

短期负债根据短期借款余额填列。

特别贷款根据后台特别贷款总额填列（一般不会遇到）。

应交税费根据计算出的应缴纳的所得税金额填列。

股东资本根据企业收到的股东注资总额填列。

利润留存根据截至上一年年末至企业的利润结存情况填列。

年度利润根据本年度的利润表中的净利润填列。

2. 投放广告

操作：该操作在每年年初进行，点击主页面下方操作区中菜单"投放广告"，弹出"投放广告"对话框（见图7-30），录入各市场广告费，点击"确认"即可。

图 7-30 投放广告

说明：市场开拓完成后，相应的市场显示为黑色字体，则可以在该市场投放广告费。若市场显示为红色字体，则表示该市场尚未开拓完成，则不可以在该市场投放广告费。市场广告费的投放要根据市场的竞争激烈程度、企业自身的产能布置、发展战略、竞争对手的广告投放策略等多方面因素综合考虑。广告投放后，就可以等待教师（裁判）开启订货会，订货会开始的前提是所有的小组均完成广告投放，教师（裁判）才会开启订货会。

（四）流程外运营操作

1. 贴现

操作：此操作随时可以进行，点击主页面下方操作区中菜单"贴现"，弹出"贴现"对话框（见图7-31）。弹出框中显示可以贴现的应收款金额，选好贴现期，在贴现额一列输入要贴现的金额。点击"确认"，系统根据不同贴现期扣除不同贴息，将贴现金额加入现金。

贴现

剩余账期	应收款	贴现额
1季	0W	0　W
2季	0W	0　W

剩余账期	应收款	贴现额
3季	0W	0　W
4季	0W	0　W

确认　　取消

图 7-31　贴现

说明：贴现是指将提前收回未到期的应收款，因为该应收款并非正常到期收回，所以贴现时需要支付相应的贴现利息。贴现利息＝贴现金额×贴现率。贴现率由教师（裁判）在系统参数中设定，相关规定详见规则说明。这一操作一般在企业短期存在现金短缺，并且无法通过成本更低的正常贷款取得现金流时才考虑使用。

举例：假定某企业账期为1Q和2Q的应收款贴现率为10%，账期为3Q和4Q的应收款贴现率为12.5%，若现将账期为2Q、金额为10W的应收款和账期为3Q、金额为20W的应收款同时贴现，则：

贴现利息＝10×10%+20×12.5%＝3.5W≈4W（规则规定贴现利息一律向上取整）

实收金额＝10+20−4＝26W

贴现后收到的26W，当即增加企业现金；产生的贴现利息4W，作为财务费用入账。

2. 紧急采购

操作：该操作随时可以进行，点击主页面下方操作区中菜单"紧急采购"，弹出"紧急采购"对话框（见图7-32）。弹出框中显示当前企业的原料、产品的库存数量以及紧急采购价格，在订购量一列输入数值，点击"确认"即可。

239

图 7-32 紧急采购

说明：紧急采购是为了解决材料或产品临时短缺而出现的，企业原材料订购不足或产品未能按时生产出来，均可能造成产品订单不能按时交货，从而导致订单违约，而失去该订单收入和支付违约损失。为避免该损失，企业可以通过紧急采购少量的短缺原材料或产品，从而满足生产或交货的需要，促使产品订单按时交货，由此取得相应的销售利润。紧急采购价格一般比正常的采购价要高很多，具体由教师（裁判）在参数设置中设定。操作时既可以紧急采购原材料，也可以紧急采购库存产品。

3. 出售库存

操作：该操作随时可以进行，点击主页面下方操作区中菜单"出售库存"，弹出"出售库存"对话框（见图 7-33）。弹出框中显示当前企业的原料、产品的库存数量以及销售价格，在出售数量一列输入数值，点击"确认"即可。

图 7-33 出售库存

说明：企业一般只有在资金极度短缺时才会考虑出售库存。出售库存一般会在成本的基础上打折销售，出售价由教师（裁判）在参数设置中设定。

4. 厂房贴现

操作：该操作随时可以进行，点击主页面下方操作区中菜单"厂房贴现"，弹出"厂房贴现"对话框（见图7-34）。弹出框中显示可以贴现的厂房信息，选择某一条厂房信息，点击"确认"即可。系统根据各类厂房出售价格贴现，如果有生产线扣除该厂房的租金，保证厂房继续经营。

图 7-34 厂房贴现

说明：该操作实质上是将厂房卖出（买转租）产生的应收款直接贴现取得现金。其与厂房处理中的卖出（买转租）的区别就在于卖出（买转租）操作时产生的应收款并未直接贴现，而厂房贴现则直接将卖出（买转租）产生的应收款同时贴现。

5. 订单信息

操作：此操作随时可以进行，点击主页面下方操作区中菜单"订单信息"，弹出"订单信息"对话框（见图7-35）。弹出框中显示当前企业所有年份获得的订单，可以查询每条订单的完成时间、状态等信息。

订单编号	市场	产品	数量	总价	状态	得单年份	交货期	账期	ISO	交货时间
S211_06	本地	P1	4	201W	未到期	第2年	4季	1季	–	–
S211_07	本地	P1	4	179W	未到期	第2年	4季	0季	–	–
S211_03	本地	P1	4	208W	未到期	第2年	4季	3季	–	–
S211_05	本地	P1	1	53W	未到期	第2年	4季	3季	–	–
S211_01	本地	P1	4	208W	未到期	第2年	4季	1季	–	–
S211_04	本地	P1	2	96W	未到期	第2年	4季	2季	–	–
S211_10	本地	P1	2	96W	未到期	第2年	4季	2季	–	–

图 7-35 订单信息

说明：企业随时可以点击"订单信息"查阅所取得的订单情况，从而确定生产安排、交货安排等情况。

6. 间谍

操作：点击主页面下方操作区中菜单"间谍"，弹出"间谍"对话框（见图7-36），点击"确认下载"即可。

图 7-36　间谍

说明："间谍"对话框中可以显示获得自己公司信息和其他组信息两种，可以免费获取自己公司信息，以 Excel 形式查阅或保存企业经营数据。若要查看其他公司的信息，则需支付教师（裁判）在参数设置中设定的间谍费，才能以 Excel 形式查询其他企业任意一组数据。

间谍不得使用第三方下载工具（迅雷、QQ 旋风等）下载。

三、商战沙盘 V5.0 模拟企业经营过程记录
（非会计专业可参照利润表、资产负债表简化报表处理账务）

相关资料参见表 7-3 至表 7-62。

表 7-3　预算表——第一年

项目	1	2	3	4
期初库存现金				
支付上年应交税				
支付长期贷款利息费				
支付长期贷款到期本金				
支付市场广告费				
贴现费用				
支付短期贷款利息费				
支付到期短期贷款本金				
支付原材料货款				
转产费用				
购买新建筑				
租金				
生产线投资				
工人工资（加工费）				
产品研发投资				
收到现金前的所有支出				
应收款到期				
支付管理费用				
设备维护费用				
市场开拓投资				
ISO 认证投资				
其他				
库存现金余额				

243

要点记录

第一季度：

第二季度：

第三季度：

第四季度：

年底小结：

表 7-4　用户　　　　　　第＿＿年经营

操作顺序	请按顺序执行下列各项操作。各总监在方格中填写原材料采购/在制品/产品出库及入库情况。其中：入库数量为"+"，出库数量为"-"。季末入库合计为"+"数据相加，季末出库合计为"-"数据相加。				
年初	现金结余				
	新年度规划会议				
	参加订货会/登记销售订单				
	制订新年度计划				
	支付应付企业所得税				
	支付长贷利息				
	更新长期贷款/长期贷款还款				
	申请长期贷款				
	盘点	一季度	二季度	三季度	四季度
1	原材料数量结余				
2	在制品数量结余				
3	产成品数量结余				
4	现金结余				
5	更新短期贷款/短期贷款还本付息				
6	更新生产/完工入库（填写产成品名称）				
7	申请短期贷款				
8	原材料入库/更新原料订单（填写原料名称）				
9	支付材料款				
10	下原料订单（填写预定的原料名称）				
11	购买/租用——厂房				
12	新建/在建/转产/变卖——生产线				
13	紧急采购原料/产品（随时进行）				
14	开始下一批生产（支付原材料，填写原料名称）				
15	开始下一批生产（支付加工费）				
16	更新应收款/应收款收现				
17	按订单交货（交货填写产品名称）				
18	产品研发投资				
19	厂房——出售（卖转租）/退租/租转买				
20	新市场开拓/ISO 资格投资				
21	支付管理费/支付续租厂房的租金				
22	出售库存（随时操作）				
23	厂房贴现（随时操作）				
24	应收款贴现（随时操作）				
25	组间交易（产成品、随时操作）				
年末	缴纳违约订单罚款				
	支付设备维护费				
	计提折旧（现金不减少）				
	结账				
26	季末现金收入合计				
27	季末现金支出合计				
28	季末现金结余[4 项+26 项-27 项]				
29	季末原材料数量结余[1 项+8 项-14 项]				
30	季末在制品数量结余[2 项-6 项+（14+15）项]				
31	季末产成品数量结余[3 项+6 项-17 项]				

表 7-5　订单登记表

订单号									合计
市场									
产品									
数量									
账期									
销售额									
成本									
毛利									
未售									

表 7-6　简化报表——综合费用表

项目	金额
管理费	
广告费	
设备维护费	
损失（其他）	
转产费	
厂房租金	
新市场开拓	
ISO 资格认证	
产品研发	
信息费	
合计	

注：库存折价拍卖、生产线变卖、紧急采购、订单违约记入损失。

表 7-7　简化报表——利润表

项目	金额
销售收入	
直接成本	
毛利	
综合费用	
折旧前利润	
折旧	
支付利息前利润	
财务费用	

245

表7-7（续）

项目	金额
税前利润	
所得税	
年度净利润	

表 7-8　简化报表——资产负债表

项目	金额	项目	金额
现金		长期负债	
应收款		短期负债	
在制品		应交所得税	
产成品		特别贷款	
原材料			
流动资产合计		负债合计	
厂房		股东资本	
生产线		利润留存	
在建工程		年度净利	
固定资产合计		所有者权益合计	
资产总计		负债和所有者权益总计	

表 7-9　综合管理费用明细表

项目	金额	备注
管理费		
广告费		
保养费/维护费		
租金		
转产费		
市场准入开拓		□区域　□国内　□亚洲　□国际
ISO 资格认证		□ISO9000　□ISO14000
产品研发		P2（　）　P3（　）　P4（　）
折旧		
其他		
合计		

注：为了简化会计核算，将管理费、维护费、租金、转产费、折旧计入管理费用，将广告费、市场准入开拓、ISO 资格认证、产品研发计入销售费用，将利息、贴现息计入财务费用，将库存变卖损失、变卖生产线损失、违约损失合计入其他，将入账计入营业外支出。

表 7-10　利润表（适用于执行《小企业会计准则》的企业）

纳税人名称：

纳税人识别号：　　　　　　税款所属期间：　　　至　　　　　　　　　单位：M

项目	本月数	本年累计数
一、营业收入		
减：营业成本		
税金及附加		
销售费用		
其中：广告费		
市场准入开拓费		
ISO 资格认证费		
产品研发费		
管理费用		
其中：管理费		
维护费		
租金		
转产费		
折旧费		
财务费用		
其中：长期贷款利息		
短期贷款利息		
贴现利息		
加：投资收益（损失以"-"号填列）		
二、营业利润（亏损以"-"号填列）		
加：营业外收入		
减：营业外支出		
三、利润总额		
减：所得税		
四、净利润		

注：所得税小数点四舍五入。

表 7-11 资产负债表（适用于执行《小企业会计准则》的企业）

纳税人名称：

纳税人识别号：   税款所属期间：   至   单位：M

资产	行次	年初数	期末数	负债和所有者权益	行次	年初数	期末数
流动资产：				流动负债：			
货币资金	1			短期借款	31		
短期投资	2			应付票据	32		
应收票据	3			应付账款	33		
应收账款	4			预付账款	34		
预付账款	5			应付职工薪酬	35		
应收股利	6			应交税费	36		
应收利息	7			应付利息	37		
其他应收款	8			应付利润	38		
存货	9			其他应付款	39		
其中：原材料	10			其他流动负债	40		
在产品	11			流动负债合计	41		
库存商品	12						
周转材料	13						
其他流动资产	14						
流动资产合计	15						
非流动资产：							
长期股权投资	16						
长期债权投资	17			非流动负债：			
固定资产原价	18			长期借款	42		
减：累计折旧	19			长期应付款	43		
固定资产账面价值	20			递延收益	44		
工程物资	21			其他非流动负债	45		
在建工程	22			非流动负债合计	46		
固定资产清理	23			负债合计	47		
生产性生物资产	24			所有者权益（或股东权益）：			
无形资产	25			实收资本（股本）	48		
开发支出	26			资本公积	49		
长期待摊费用	27			盈余公积	50		
其他非流动资产	28			未分配利润	51		
非流动资产合计	29			所有者权益（或股东权益）合计	52		
资产合计	30			负债和所有者权益（或股东权益）合计	53		

企业负责人：   会计机构负责人：   制表人：

表 7-12　手工沙盘模拟企业经营——第　　年总结

这是你们当家的第一年，感觉如何？是不是一个有收益的年度？你们的战略执行得怎么样？将你的感想记录下来。

学会了什么？

记录知识点：

企业经营遇到哪些问题：

下年如何改进：

表 7-13 预算表——第二年

项目	1	2	3	4
期初库存现金				
支付上年应交税				
支付长期贷款利息费				
支付长期贷款到期本金				
支付市场广告费				
贴现费用				
支付短期贷款利息费				
支付到期短期贷款本金				
支付原材料货款				
转产费用				
购买新建筑				
租金				
生产线投资				
工人工资（加工费）				
产品研发投资				
收到现金前的所有支出				
应收款到期				
支付管理费用				
设备维护费用				
市场开拓投资				
ISO 认证投资				
其他				
库存现金余额				

要点记录

第一季度：

第二季度：

第三季度：

第四季度：

年底小结：

表 7-14　用户　　　　　第___年经营

操作顺序	请按顺序执行下列各项操作。各总监在方格中填写原材料采购/在制品/产品出库及入库情况。其中：入库数量为"+"，出库数量为"-"。季末入库合计为"+"数据相加，季末出库合计为"-"数据相加。				
年初	现金结余				
	新年度规划会议				
	参加订货会/登记销售订单				
	制订新年度计划				
	支付应付企业所得税				
	支付长贷利息				
	更新长期贷款/长期贷款还款				
	申请长期贷款				
	盘点	一季度	二季度	三季度	四季度
1	原材料数量结余				
2	在制品数量结余				
3	产成品数量结余				
4	现金结余				
5	更新短期贷款/短期贷款还本付息				
6	更新生产/完工入库(填写产成品名称)				
7	申请短期贷款				
8	原材料入库/更新原料订单(填写原料名称)				
9	支付材料款				
10	下原料订单(填写预定的原料名称)				
11	购买/租用——厂房				
12	新建/在建/转产/变卖——生产线				
13	紧急采购原料/产品(随时进行)				
14	开始下一批生产(支付原材料,填写原料名称)				
15	开始下一批生产(支付加工费)				
16	更新应收款/应收款收现				
17	按订单交货(交货填写产品名称)				
18	产品研发投资				
19	厂房——出售(卖转租)/退租/租转买				
20	新市场开拓/ISO 资格投资				
21	支付管理费/支付续租厂房的租金				
22	出售库存(随时操作)				
23	厂房贴现(随时操作)				
24	应收款贴现(随时操作)				
25	组间交易(产成品、随时操作)				
年末	缴纳违约订单罚款				
	支付设备维护费				
	计提折旧(现金不减少)				
	结账				
26	季末现金收入合计				
27	季末现金支出合计				
28	季末现金结余[4 项+26 项-27 项]				
29	季末原材料数量结余[1 项+8 项-14 项]				
30	季末在制品数量结余[2 项-6 项+(14+15)项]				
31	季末产成品数量结余[3 项+6 项-17 项]				

表 7-15　订单登记表

订单号								合计
市场								
产品								
数量								
账期								
销售额								
成本								
毛利								
未售								

表 7-16　简化报表——综合费用表

项目	金额
管理费	
广告费	
设备维护费	
损失（其他）	
转产费	
厂房租金	
新市场开拓	
ISO 资格认证	
产品研发	
信息费	
合计	

注：库存折价拍卖、生产线变卖、紧急采购、订单违约记入损失。

表 7-17　简化报表——利润表

项目	金额
销售收入	
直接成本	
毛利	
综合费用	
折旧前利润	
折旧	
支付利息前利润	
财务费用	

表7-17（续）

项目	金额
税前利润	
所得税	
年度净利润	

表 7-18 简化报表——资产负债表

项目	金额	项目	金额
现金		长期负债	
应收款		短期负债	
在制品		应交所得税	
产成品		特别贷款	
原材料			
流动资产合计		负债合计	
厂房		股东资本	
生产线		利润留存	
在建工程		年度净利	
固定资产合计		所有者权益合计	
资产总计		负债和所有者权益总计	

表 7-19 综合管理费用明细表

项目	金额	备注
管理费		
广告费		
保养费/维护费		
租金		
转产费		
市场准入开拓		□区域 □国内 □亚洲 □国际
ISO 资格认证		□ISO9000 □ISO14000
产品研发		P2（ ） P3（ ） P4（ ）
折旧		
其他		
合计		

注：为了简化会计核算，将管理费、维护费、租金、转产费、折旧计入管理费用，将广告费、市场准入开拓、ISO 资格认证、产品研发计入销售费用，将利息、贴现息计入财务费用，将库存变卖损失、变卖生产线损失、违约损失合计计入其他，将入账计入营业外支出。

表 7-20 利润表（适用于执行《小企业会计准则》的企业）

纳税人名称：

纳税人识别号：　　　　　　　　税款所属期间：　　　至　　　　　　　　单位：M

项目	本月数	本年累计数
一、营业收入		
减：营业成本		
税金及附加		
销售费用		
其中：广告费		
市场准入开拓费		
ISO 资格认证费		
产品研发费		
管理费用		
其中：管理费		
维护费		
租金		
转产费		
折旧费		
财务费用		
其中：长期贷款利息		
短期贷款利息		
贴现利息		
加：投资收益（损失以"－"号填列）		
二、营业利润（亏损以"－"号填列）		
加：营业外收入		
减：营业外支出		
三、利润总额		
减：所得税		
四、净利润		

注：所得税小数点四舍五入。

企业行为模拟——ERP 沙盘模拟

表 7-21　资产负债表（适用于执行《小企业会计准则》的企业）

纳税人名称：

纳税人识别号：　　　　　　　　税款所属期间：　　至　　　　　　　单位：M

资产	行次	年初数	期末数	负债和所有者权益	行次	年初数	期末数
流动资产：				流动负债：			
货币资金	1			短期借款	31		
短期投资	2			应付票据	32		
应收票据	3			应付账款	33		
应收账款	4			预付账款	34		
预付账款	5			应付职工薪酬	35		
应收股利	6			应交税费	36		
应收利息	7			应付利息	37		
其他应收款	8			应付利润	38		
存货	9			其他应付款	39		
其中：原材料	10			其他流动负债	40		
在产品	11			流动负债合计	41		
库存商品	12						
周转材料	13						
其他流动资产	14						
流动资产合计	15						
非流动资产：							
长期股权投资	16						
长期债权投资	17			非流动负债：			
固定资产原价	18			长期借款	42		
减：累计折旧	19			长期应付款	43		
固定资产账面价值	20			递延收益	44		
工程物资	21			其他非流动负债	45		
在建工程	22			非流动负债合计	46		
固定资产清理	23			负债合计	47		
生产性生物资产	24			所有者权益(或股东权益)：			
无形资产	25			实收资本（股本）	48		
开发支出	26			资本公积	49		
长期待摊费用	27			盈余公积	50		
其他非流动资产	28			未分配利润	51		
非流动资产合计	29			所有者权益(或股东权益)合计	52		
资产合计	30			负债和所有者权益（或股东权益）合计	53		

企业负责人：　　　　　　会计机构负责人：　　　　　　制表人：

表 7-22　手工沙盘模拟企业经营——第　　年总结

这是你们当家的第一年，感觉如何？是不是一个有收益的年度？你们的战略执行得怎么样？将你的感想记录下来。

学会了什么？ 记录知识点：
企业经营遇到哪些问题：
下年如何改进：

表 7-23　预算表——第三年

项目	1	2	3	4
期初库存现金				
支付上年应交税				
支付长期贷款利息费				
支付长期贷款到期本金				
支付市场广告费				
贴现费用				
支付短期贷款利息费				
支付到期短期贷款本金				
支付原材料货款				
转产费用				
购买新建筑				
租金				
生产线投资				
工人工资（加工费）				
产品研发投资				
收到现金前的所有支出				
应收款到期				
支付管理费用				
设备维护费用				
市场开拓投资				
ISO 认证投资				
其他				
库存现金余额				

要点记录

第一季度：

第二季度：

第三季度：

第四季度：

年底小结：

257

表 7-24　用户　　　　　　　第___年经营

操作顺序	请按顺序执行下列各项操作。各总监在方格中填写原材料采购/在制品/产品出库及入库情况。其中：入库数量为"+"，出库数量为"-"。季末入库合计为"+"数据相加，季末出库合计为"-"数据相加。								
年初	现金结余								
	新年度规划会议								
	参加订货会/登记销售订单								
	制订新年度计划								
	支付应付企业所得税								
	支付长贷利息								
	更新长期贷款/长期贷款还款								
	申请长期贷款								
	盘点	一季度		二季度		三季度		四季度	
1	原材料数量结余								
2	在制品数量结余								
3	产成品数量结余								
4	现金结余								
5	更新短期贷款/短期贷款还本付息								
6	更新生产/完工入库(填写产成品名称)								
7	申请短期贷款								
8	原材料入库/更新原料订单(填写原料名称)								
9	支付材料款								
10	下原料订单(填写预定的原料名称)								
11	购买/租用——厂房								
12	新建/在建/转产/变卖——生产线								
13	紧急采购原料/产品(随时进行)								
14	开始下一批生产(支付原材料,填写原料名称)								
15	开始下一批生产(支付加工费)								
16	更新应收款/应收款收现								
17	按订单交货(交货填写产品名称)								
18	产品研发投资								
19	厂房——出售(卖转租)/退租/租转买								
20	新市场开拓/ISO 资格投资								
21	支付管理费/支付续租厂房的租金								
22	出售库存(随时操作)								
23	厂房贴现(随时操作)								
24	应收款贴现(随时操作)								
25	组间交易(产成品、随时操作)								
年末	缴纳违约订单罚款								
	支付设备维护费								
	计提折旧(现金不减少)								
	结账								
26	季末现金收入合计								
27	季末现金支出合计								
28	季末现金结余[4 项+26 项-27 项]								
29	季末原材料数量结余[1 项+8 项-14 项]								
30	季末在制品数量结余[2 项-6 项+(14+15)项]								
31	季末产成品数量结余[3 项+6 项-17 项]								

表 7-25　订单登记表

订单号								合计
市场								
产品								
数量								
账期								
销售额								
成本								
毛利								
未售								

表 7-26　简化报表——综合费用表

项目	金额
管理费	
广告费	
设备维护费	
损失（其他）	
转产费	
厂房租金	
新市场开拓	
ISO 资格认证	
产品研发	
信息费	
合计	

注：库存折价拍卖、生产线变卖、紧急采购、订单违约记入损失。

表 7-27　简化报表——利润表

项目	金额
销售收入	
直接成本	
毛利	
综合费用	
折旧前利润	
折旧	
支付利息前利润	
财务费用	

259

表7-27（续）

项目	金额
税前利润	
所得税	
年度净利润	

表 7-28　简化报表——资产负债表

项目	金额	项目	金额
现金		长期负债	
应收款		短期负债	
在制品		应交所得税	
产成品		特别贷款	
原材料			
流动资产合计		负债合计	
厂房		股东资本	
生产线		利润留存	
在建工程		年度净利	
固定资产合计		所有者权益合计	
资产总计		负债和所有者权益总计	

表 7-29　综合管理费用明细表

项目	金额	备注
管理费		
广告费		
保养费/维护费		
租金		
转产费		
市场准入开拓		□区域　□国内　□亚洲　□国际
ISO 资格认证		□ISO9000　□ISO14000
产品研发		P2（　）　P3（　）　P4（　）
折旧		
其他		
合计		

注：为了简化会计核算，将管理费、维护费、租金、转产费、折旧计入管理费用，将广告费、市场准入开拓、ISO 资格认证、产品研发计入销售费用，将利息、贴现息计入财务费用，将库存变卖损失、变卖生产线损失、违约损失合计计入其他，将入账计入营业外支出。

表 7-30 利润表（适用于执行《小企业会计准则》的企业）

纳税人名称：

纳税人识别号： 税款所属期间： 至 单位：M

项目	本月数	本年累计数
一、营业收入		
减：营业成本		
税金及附加		
销售费用		
其中：广告费		
市场准入开拓费		
ISO 资格认证费		
产品研发费		
管理费用		
其中：管理费		
维护费		
租金		
转产费		
折旧费		
财务费用		
其中：长期贷款利息		
短期贷款利息		
贴现利息		
加：投资收益（损失以"-"号填列）		
二、营业利润（亏损以"-"号填列）		
加：营业外收入		
减：营业外支出		
三、利润总额		
减：所得税		
四、净利润		

注：所得税小数点四舍五入。

261

表 7-31　资产负债表（适用于执行《小企业会计准则》的企业）

纳税人名称：

纳税人识别号：　　　　　　　　税款所属期间：　　　　至　　　　　　　　单位：M

资产	行次	年初数	期末数	负债和所有者权益	行次	年初数	期末数
流动资产：				流动负债：			
货币资金	1			短期借款	31		
短期投资	2			应付票据	32		
应收票据	3			应付账款	33		
应收账款	4			预收账款	34		
预付账款	5			应付职工薪酬	35		
应收股利	6			应交税费	36		
应收利息	7			应付利息	37		
其他应收款	8			应付利润	38		
存货	9			其他应付款	39		
其中：原材料	10			其他流动负债	40		
在产品	11			流动负债合计	41		
库存商品	12						
周转材料	13						
其他流动资产	14						
流动资产合计	15						
非流动资产：							
长期股权投资	16						
长期债权投资	17			非流动负债：			
固定资产原价	18			长期借款	42		
减：累计折旧	19			长期应付款	43		
固定资产账面价值	20			递延收益	44		
工程物资	21			其他非流动负债	45		
在建工程	22			非流动负债合计	46		
固定资产清理	23			负债合计	47		
生产性生物资产	24			所有者权益(或股东权益)：			
无形资产	25			实收资本（股本）	48		
开发支出	26			资本公积	49		
长期待摊费用	27			盈余公积	50		
其他非流动资产	28			未分配利润	51		
非流动资产合计	29			所有者权益(或股东权益)合计	52		
资产合计	30			负债和所有者权益（或股东权益）合计	53		

企业负责人：　　　　　　　　　会计机构负责人：　　　　　　　　　制表人：

企业行为模拟——ERP沙盘模拟

表 7-32　手工沙盘模拟企业经营——第　　年总结

这是你们当家的第一年，感觉如何？是不是一个有收益的年度？你们的战略执行得怎么样？将你的感想记录下来。

学会了什么？ 记录知识点：
企业经营遇到哪些问题：
下年如何改进：

表 7-33　预算表——第四年

项目	1	2	3	4
期初库存现金				
支付上年应交税				
支付长期贷款利息费				
支付长期贷款到期本金				
支付市场广告费				
贴现费用				
支付短期贷款利息费				
支付到期短期贷款本金				
支付原材料货款				
转产费用				
购买新建筑				
租金				
生产线投资				
工人工资（加工费）				
产品研发投资				
收到现金前的所有支出				
应收款到期				
支付管理费用				
设备维护费用				
市场开拓投资				
ISO 认证投资				
其他				
库存现金余额				

要点记录

第一季度：

第二季度：

第三季度：

第四季度：

年底小结：

表 7-34 用户＿＿＿＿＿ 第＿＿年经营

操作顺序	请按顺序执行下列各项操作。各总监在方格中填写原材料采购/在制品/产品出库及入库情况。其中：入库数量为"+"，出库数量为"-"。季末入库合计为"+"数据相加，季末出库合计为"-"数据相加。																
年初	现金结余																
	新年度规划会议																
	参加订货会/登记销售订单																
	制订新年度计划																
	支付应付企业所得税																
	支付长贷利息																
	更新长期贷款/长期贷款还款																
	申请长期贷款																
	盘点	一季度				二季度				三季度				四季度			
1	原材料数量结余																
2	在制品数量结余																
3	产成品数量结余																
4	现金结余																
5	更新短期贷款/短期贷款还本付息																
6	更新生产/完工入库(填写产成品名称)																
7	申请短期贷款																
8	原材料入库/更新原料订单(填写原料名称)																
9	支付材料款																
10	下原料订单(填写预定的原料名称)																
11	购买/租用——厂房																
12	新建/在建/转产/变卖——生产线																
13	紧急采购原料/产品(随时进行)																
14	开始下一批生产(支付原材料,填写原料名称)																
15	开始下一批生产(支付加工费)																
16	更新应收款/应收款收现																
17	按订单交货(交货填写产品名称)																
18	产品研发投资																
19	厂房——出售(卖转租)/退租/租转买																
20	新市场开拓/ISO 资格投资																
21	支付管理费/支付续租厂房的租金																
22	出售库存(随时操作)																
23	厂房贴现(随时操作)																
24	应收款贴现(随时操作)																
25	组间交易(产成品、随时操作)																
年末	缴纳违约订单罚款																
	支付设备维护费																
	计提折旧(现金不减少)																
	结账																
26	季末现金收入合计																
27	季末现金支出合计																
28	季末现金结余[4 项+26 项-27 项]																
29	季末原材料数量结余[1 项+8 项-14 项]																
30	季末在制品数量结余[2 项-6 项+(14+15)项]																
31	季末产成品数量结余[3 项+6 项-17 项]																

表 7-35　订单登记表

订单号									合计
市场									
产品									
数量									
账期									
销售额									
成本									
毛利									
未售									

表 7-36　简化报表——综合费用表

项目	金额
管理费	
广告费	
设备维护费	
损失（其他）	
转产费	
厂房租金	
新市场开拓	
ISO 资格认证	
产品研发	
信息费	
合计	

注：库存折价拍卖、生产线变卖、紧急采购、订单违约记入损失。

表 7-37　简化报表——利润表

项目	金额
销售收入	
直接成本	
毛利	
综合费用	
折旧前利润	
折旧	
支付利息前利润	
财务费用	

表7-37(续)

项目	金额
税前利润	
所得税	
年度净利润	

表 7-38　简化报表——资产负债表

项目	金额	项目	金额
现金		长期负债	
应收款		短期负债	
在制品		应交所得税	
产成品		特别贷款	
原材料			
流动资产合计		负债合计	
厂房		股东资本	
生产线		利润留存	
在建工程		年度净利	
固定资产合计		所有者权益合计	
资产总计		负债和所有者权益总计	

表 7-39　综合管理费用明细表

项目	金额	备注
管理费		
广告费		
保养费/维护费		
租金		
转产费		
市场准入开拓		□区域　□国内　□亚洲　□国际
ISO 资格认证		□ISO9000　□ISO14000
产品研发		P2（　）　P3（　）　P4（　）
折旧		
其他		
合计		

注：为了简化会计核算，将管理费、维护费、租金、转产费、折旧计入管理费用，将广告费、市场准入开拓、ISO 资格认证、产品研发计入销售费用，将利息、贴现息计入财务费用，将库存变卖损失、变卖生产线损失、违约损失合计计入其他，将入账计入营业外支出。

267

表 7-40 利润表（适用于执行《小企业会计准则》的企业）

纳税人名称：

纳税人识别号：　　　　　　　税款所属期间：　　至　　　　　　　单位：M

项目	本月数	本年累计数
一、营业收入		
减：营业成本		
税金及附加		
销售费用		
其中：广告费		
市场准入开拓费		
ISO 资格认证费		
产品研发费		
管理费用		
其中：管理费		
维护费		
租金		
转产费		
折旧费		
财务费用		
其中：长期贷款利息		
短期贷款利息		
贴现利息		
加：投资收益（损失以"-"号填列）		
二、营业利润（亏损以"-"号填列）		
加：营业外收入		
减：营业外支出		
三、利润总额		
减：所得税		
四、净利润		

注：所得税小数点四舍五入。

表 7-41 资产负债表（适用于执行《小企业会计准则》的企业）

纳税人名称：

纳税人识别号：　　　　　　　　税款所属期间：　　至　　　　　　　单位：M

资产	行次	年初数	期末数	负债和所有者权益	行次	年初数	期末数
流动资产：				流动负债：			
货币资金	1			短期借款	31		
短期投资	2			应付票据	32		
应收票据	3			应付账款	33		
应收账款	4			预付账款	34		
预付账款	5			应付职工薪酬	35		
应收股利	6			应交税费	36		
应收利息	7			应付利息	37		
其他应收款	8			应付利润	38		
存货	9			其他应付款	39		
其中：原材料	10			其他流动负债	40		
在产品	11			流动负债合计	41		
库存商品	12						
周转材料	13						
其他流动资产	14						
流动资产合计	15						
非流动资产：							
长期股权投资	16						
长期债权投资	17			非流动负债：			
固定资产原价	18			长期借款	42		
减：累计折旧	19			长期应付款	43		
固定资产账面价值	20			递延收益	44		
工程物资	21			其他非流动负债	45		
在建工程	22			非流动负债合计	46		
固定资产清理	23			负债合计	47		
生产性生物资产	24			所有者权益(或股东权益)：			
无形资产	25			实收资本（股本）	48		
开发支出	26			资本公积	49		
长期待摊费用	27			盈余公积	50		
其他非流动资产	28			未分配利润	51		
非流动资产合计	29			所有者权益(或股东权益)合计	52		
资产合计	30			负债和所有者权益（或股东权益）合计	53		

企业负责人：　　　　　　会计机构负责人：　　　　　　　制表人：

表 7-42　手工沙盘模拟企业经营——第　　年总结

这是你们当家的第一年，感觉如何？是不是一个有收益的年度？你们的战略执行得怎么样？将你的感想记录下来。

学会了什么？
记录知识点：
企业经营遇到哪些问题：
下年如何改进：

表 7-43 预算表——第五年

项目	1	2	3	4
期初库存现金				
支付上年应交税				
支付长期贷款利息费				
支付长期贷款到期本金				
支付市场广告费				
贴现费用				
支付短期贷款利息费				
支付到期短期贷款本金				
支付原材料货款				
转产费用				
购买新建筑				
租金				
生产线投资				
工人工资（加工费）				
产品研发投资				
收到现金前的所有支出				
应收款到期				
支付管理费用				
设备维护费用				
市场开拓投资				
ISO 认证投资				
其他				
库存现金余额				

271

要点记录

第一季度：

第二季度：

第三季度：

第四季度：

年底小结：

表 7-44 　用户 _____ 第 ___ 年经营

操作顺序	请按顺序执行下列各项操作。各总监在方格中填写原材料采购/在制品/产品出库及入库情况。其中：入库数量为"+"，出库数量为"-"。季末入库合计为"+"数据相加，季末出库合计为"-"数据相加。				
年初	现金结余				
	新年度规划会议				
	参加订货会/登记销售订单				
	制订新年度计划				
	支付应付企业所得税				
	支付长贷利息				
	更新长期贷款/长期贷款还款				
	申请长期贷款				

	盘点	一季度	二季度	三季度	四季度
1	原材料数量结余				
2	在制品数量结余				
3	产成品数量结余				
4	现金结余				
5	更新短期贷款/短期贷款还本付息				
6	更新生产/完工入库(填写产成品名称)				
7	申请短期贷款				
8	原材料入库/更新原料订单(填写原料名称)				
9	支付材料款				
10	下原料订单(填写预定的原料名称)				
11	购买/租用——厂房				
12	新建/在建/转产/变卖——生产线				
13	紧急采购原料/产品(随时进行)				
14	开始下一批生产(支付原材料,填写原料名称)				
15	开始下一批生产(支付加工费)				
16	更新应收款/应收款收现				
17	按订单交货(交货填写产品名称)				
18	产品研发投资				
19	厂房——出售(卖转租)/退租/租转买				
20	新市场开拓/ISO 资格投资				
21	支付管理费/支付续租厂房的租金				
22	出售库存(随时操作)				
23	厂房贴现(随时操作)				
24	应收款贴现(随时操作)				
25	组间交易(产成品、随时操作)				
年末	缴纳违约订单罚款				
	支付设备维护费				
	计提折旧(现金不减少)				
	结账				
26	季末现金收入合计				
27	季末现金支出合计				
28	季末现金结余[4 项+26 项-27 项]				
29	季末原材料数量结余[1 项+8 项-14 项]				
30	季末在制品数量结余[2 项-6 项+(14+15)项]				
31	季末产成品数量结余[3 项+6 项-17 项]				

表 7-45　订单登记表

订单号								合计
市场								
产品								
数量								
账期								
销售额								
成本								
毛利								
未售								

表 7-46　简化报表——综合费用表

项目	金额
管理费	
广告费	
设备维护费	
损失（其他）	
转产费	
厂房租金	
新市场开拓	
ISO 资格认证	
产品研发	
信息费	
合计	

注：库存折价拍卖、生产线变卖、紧急采购、订单违约记入损失。

表 7-47　简化报表——利润表

项目	金额
销售收入	
直接成本	
毛利	
综合费用	
折旧前利润	
折旧	
支付利息前利润	
财务费用	

表7-47(续)

项目	金额
税前利润	
所得税	
年度净利润	

表 7-48　简化报表——资产负债表

项目	金额	项目	金额
现金		长期负债	
应收款		短期负债	
在制品		应交所得税	
产成品		特别贷款	
原材料			
流动资产合计		负债合计	
厂房		股东资本	
生产线		利润留存	
在建工程		年度净利	
固定资产合计		所有者权益合计	
资产总计		负债和所有者权益总计	

表 7-49　综合管理费用明细表

项目	金额	备注
管理费		
广告费		
保养费/维护费		
租金		
转产费		
市场准入开拓		□区域　□国内　□亚洲　□国际
ISO 资格认证		□ISO9000　□ISO14000
产品研发		P2（　）　P3（　）　P4（　）
折旧		
其他		
合计		

注：为了简化会计核算，将管理费、维护费、租金、转产费、折旧计入管理费用，将广告费、市场准入开拓、ISO 资格认证、产品研发计入销售费用，将利息、贴现息计入财务费用，将库存变卖损失、变卖生产线损失、违约损失合计计入其他，将入账计入营业外支出。

表 7-50　利润表（适用于执行《小企业会计准则》的企业）

纳税人名称：

纳税人识别号：　　　　　　　　税款所属期间：　　　至　　　　　　　单位：M

项目	本月数	本年累计数
一、营业收入		
减：营业成本		
税金及附加		
销售费用		
其中：广告费		
市场准入开拓费		
ISO 资格认证费		
产品研发费		
管理费用		
其中：管理费		
维护费		
租金		
转产费		
折旧费		
财务费用		
其中：长期贷款利息		
短期贷款利息		
贴现利息		
加：投资收益（损失以"-"号填列）		
二、营业利润（亏损以"-"号填列）		
加：营业外收入		
减：营业外支出		
三、利润总额		
减：所得税		
四、净利润		

注：所得税小数点四舍五入。

275

表 7-51　资产负债表（适用于执行《小企业会计准则》的企业）

纳税人名称：

纳税人识别号：　　　　　　　税款所属期间：　　　至　　　　　　　　单位：M

资产	行次	年初数	期末数	负债和所有者权益	行次	年初数	期末数
流动资产：				流动负债：			
货币资金	1			短期借款	31		
短期投资	2			应付票据	32		
应收票据	3			应付账款	33		
应收账款	4			预付账款	34		
预付账款	5			应付职工薪酬	35		
应收股利	6			应交税费	36		
应收利息	7			应付利息	37		
其他应收款	8			应付利润	38		
存货	9			其他应付款	39		
其中：原材料	10			其他流动负债	40		
在产品	11			流动负债合计	41		
库存商品	12						
周转材料	13						
其他流动资产	14						
流动资产合计	15						
非流动资产：							
长期股权投资	16						
长期债权投资	17			非流动负债：			
固定资产原价	18			长期借款	42		
减：累计折旧	19			长期应付款	43		
固定资产账面价值	20			递延收益	44		
工程物资	21			其他非流动负债	45		
在建工程	22			非流动负债合计	46		
固定资产清理	23			负债合计	47		
生产性生物资产	24			所有者权益（或股东权益）：			
无形资产	25			实收资本（股本）	48		
开发支出	26			资本公积	49		
长期待摊费用	27			盈余公积	50		
其他非流动资产	28			未分配利润	51		
非流动资产合计	29			所有者权益（或股东权益）合计	52		
资产合计	30			负债和所有者权益（或股东权益）合计	53		

企业负责人：　　　　　　会计机构负责人：　　　　　　　制表人：

表 7-52　手工沙盘模拟企业经营——第　　年总结

这是你们当家的第一年，感觉如何？是不是一个有收益的年度？你们的战略执行得怎么样？将你的感想记录下来。

学会了什么？ 记录知识点：
企业经营遇到哪些问题：
下年如何改进：

表 7-53　预算表——第六年

项目	1	2	3	4
期初库存现金				
支付上年应交税				
支付长期贷款利息费				
支付长期贷款到期本金				
支付市场广告费				
贴现费用				
支付短期贷款利息费				
支付到期短期贷款本金				
支付原材料货款				
转产费用				
购买新建筑				
租金				
生产线投资				
工人工资（加工费）				
产品研发投资				
收到现金前的所有支出				
应收款到期				
支付管理费用				
设备维护费用				
市场开拓投资				
ISO 认证投资				
其他				
库存现金余额				

要点记录

第一季度：

第二季度：

第三季度：

第四季度：

年底小结：

表 7-54　用户　　　　　第___年经营

操作顺序	请按顺序执行下列各项操作。各总监在方格中填写原材料采购/在制品/产品出库及入库情况。其中：入库数量为"+"，出库数量为"-"。季末入库合计为"+"数据相加，季末出库合计为"-"数据相加。					
年初	现金结余					
	新年度规划会议					
	参加订货会/登记销售订单					
	制订新年度计划					
	支付应付企业所得税					
	支付长贷利息					
	更新长期贷款/长期贷款还款					
	申请长期贷款					
	盘点	一季度	二季度	三季度	四季度	
1	原材料数量结余					
2	在制品数量结余					
3	产成品数量结余					
4	现金结余					
5	更新短期贷款/短期贷款还本付息					
6	更新生产/完工入库（填写产成品名称）					
7	申请短期贷款					
8	原材料入库/更新原料订单（填写原料名称）					
9	支付材料款					
10	下原料订单（填写预定的原料名称）					
11	购买/租用——厂房					
12	新建/在建/转产/变卖——生产线					
13	紧急采购原料/产品（随时进行）					
14	开始下一批生产（支付原材料，填写原料名称）					
15	开始下一批生产（支付加工费）					
16	更新应收款/应收款收现					
17	按订单交货（交货填写产品名称）					
18	产品研发投资					
19	厂房——出售（卖转租）/退租/租转买					
20	新市场开拓/ISO 资格投资					
21	支付管理费/支付续租厂房的租金					
22	出售库存（随时操作）					
23	厂房贴现（随时操作）					
24	应收款贴现（随时操作）					
25	组间交易（产成品、随时操作）					
年末	缴纳违约订单罚款					
	支付设备维护费					
	计提折旧（现金不减少）					
	结账					
26	季末现金收入合计					
27	季末现金支出合计					
28	季末现金结余[4 项+26 项-27 项]					
29	季末原材料数量结余[1 项+8 项-14 项]					
30	季末在制品数量结余[2 项-6 项+(14+15)项]					
31	季末产成品数量结余[3 项+6 项-17 项]					

表 7-55　订单登记表

订单号								合计
市场								
产品								
数量								
账期								
销售额								
成本								
毛利								
未售								

表 7-56　简化报表——综合费用表

项目	金额
管理费	
广告费	
设备维护费	
损失（其他）	
转产费	
厂房租金	
新市场开拓	
ISO 资格认证	
产品研发	
信息费	
合计	

注：库存折价拍卖、生产线变卖、紧急采购、订单违约记入损失。

表 7-57　简化报表——利润表

项目	金额
销售收入	
直接成本	
毛利	
综合费用	
折旧前利润	
折旧	
支付利息前利润	
财务费用	

表7-57（续）

项目	金额
税前利润	
所得税	
年度净利润	

表 7-58　简化报表——资产负债表

项目	金额	项目	金额
现金		长期负债	
应收款		短期负债	
在制品		应交所得税	
产成品		特别贷款	
原材料			
流动资产合计		负债合计	
厂房		股东资本	
生产线		利润留存	
在建工程		年度净利	
固定资产合计		所有者权益合计	
资产总计		负债和所有者权益总计	

表 7-59　综合管理费用明细表

项目	金额	备注
管理费		
广告费		
保养费/维护费		
租金		
转产费		
市场准入开拓		□区域　□国内　□亚洲　□国际
ISO 资格认证		□ISO9000　□ISO14000
产品研发		P2（　）　P3（　）　P4（　）
折旧		
其他		
合计		

注：为了简化会计核算，将管理费、维护费、租金、转产费、折旧计入管理费用，将广告费、市场准入开拓、ISO 资格认证、产品研发计入销售费用，将利息、贴现息计入财务费用，将库存变卖损失、变卖生产线损失、违约损失合计计入其他，将入账计入营业外支出。

表 7-60 利润表（适用于执行《小企业会计准则》的企业）

纳税人名称：

纳税人识别号：　　　　　　　　　税款所属期间：　　　至　　　　　　　　单位：M

项目	本月数	本年累计数
一、营业收入		
减：营业成本		
税金及附加		
销售费用		
其中：广告费		
市场准入开拓费		
ISO 资格认证费		
产品研发费		
管理费用		
其中：管理费		
维护费		
租金		
转产费		
折旧费		
财务费用		
其中：长期贷款利息		
短期贷款利息		
贴现利息		
加：投资收益（损失以"-"号填列）		
二、营业利润（亏损以"-"号填列）		
加：营业外收入		
减：营业外支出		
三、利润总额		
减：所得税		
四、净利润		

注：所得税小数点四舍五入。

表 7-61 资产负债表（适用于执行《小企业会计准则》的企业）

纳税人名称：

纳税人识别号：　　　　　　　　　　税款所属期间：　　　至　　　　　　　　　单位：M

资产	行次	年初数	期末数	负债和所有者权益	行次	年初数	期末数
流动资产：				流动负债：			
货币资金	1			短期借款	31		
短期投资	2			应付票据	32		
应收票据	3			应付账款	33		
应收账款	4			预付账款	34		
预付账款	5			应付职工薪酬	35		
应收股利	6			应交税费	36		
应收利息	7			应付利息	37		
其他应收款	8			应付利润	38		
存货	9			其他应付款	39		
其中：原材料	10			其他流动负债	40		
在产品	11			流动负债合计	41		
库存商品	12						
周转材料	13						
其他流动资产	14						
流动资产合计	15						
非流动资产：							
长期股权投资	16						
长期债权投资	17			非流动负债：			
固定资产原价	18			长期借款	42		
减：累计折旧	19			长期应付款	43		
固定资产账面价值	20			递延收益	44		
工程物资	21			其他非流动负债	45		
在建工程	22			非流动负债合计	46		
固定资产清理	23			负债合计	47		
生产性生物资产	24			所有者权益(或股东权益)：			
无形资产	25			实收资本（股本）	48		
开发支出	26			资本公积	49		
长期待摊费用	27			盈余公积	50		
其他非流动资产	28			未分配利润	51		
非流动资产合计	29			所有者权益(或股东权益)合计	52		
资产合计	30			负债和所有者权益（或股东权益）合计	53		

企业负责人：　　　　　　　会计机构负责人：　　　　　　　　制表人：

283

表 7-62 手工沙盘模拟企业经营——第 年总结

这是你们当家的第一年，感觉如何？是不是一个有收益的年度？你们的战略执行得怎么样？将你的感想记录下来。

学会了什么？ 记录知识点：
企业经营遇到哪些问题：
下年如何改进：

附　录

附录1　岗位分工登记表

岗位分工登记表

组别：　　　　　　　　班级：

职位	姓名	学号	联系电话	考勤							
				1	2	3	4	5	6	7	8
CEO											
财务总监											
出纳											
供应主管											
生产主管											
营销主管											

附录2 简化会计报表

第　　年　　　　　用户名：

综合费用表

项目	金额
管理费	
广告费	
设备维护费	
损失（其他）	
转产费	
厂房租金	
新市场开拓	
ISO 资格认证	
产品研发	
信息费	
合计	

利润表

项目	金额
销售收入	
直接成本	
毛利	
综合费用	
折旧前利润	
折旧	
支付利息前利润	
财务费用	
税前利润	
所得税	
年度净利润	

资产负债表

项目	金额	项目	金额
现金		长期负债	
应收款		短期负债	
在制品		应交所得税	
产成品		特别贷款	—
原材料		—	—
流动资产合计		负债合计	
厂房		股东资本	
生产线		利润留存	
在建工程		年度净利	
固定资产合计		所有者权益合计	
资产总计		负债和所有者权益总计	

注：库存折价拍价、生产线变卖、紧急采购、订单违约计入损失。

每年经营结束请将此表交到裁判处核对。

企业行为模拟——ERP沙盘模拟

附录 3　广告登记表

广告登记表

组别：

产品	第 1 年本地			产品	第 2 年本地			产品	第 3 年本地			产品	第 4 年本地			产品	第 5 年本地			产品	第 6 年本地		
	广告	9K	14K		广告	9K	14K		广告	9K	14K		广告	9K	14K		广告	9K	14K		广告	9K	14K
P1				P1				P1				P1				P1				P1			
P2				P2				P2				P2				P2				P2			
P3				P3				P3				P3				P3				P3			
P4				P4				P4				P4				P4				P4			

产品	第 1 年区域			产品	第 2 年区域			产品	第 3 年区域			产品	第 4 年区域			产品	第 5 年区域			产品	第 6 年区域		
	广告	9K	14K		广告	9K	14K		广告	9K	14K		广告	9K	14K		广告	9K	14K		广告	9K	14K
P1				P1				P1				P1				P1				P1			
P2				P2				P2				P2				P2				P2			
P3				P3				P3				P3				P3				P3			
P4				P4				P4				P4				P4				P4			

企业行为模拟——ERP沙盘模拟

第1年国内 产品	广告	9K	14K	第2年国内 产品	广告	9K	14K	第3年国内 产品	广告	9K	14K	第4年国内 产品	广告	9K	14K	第5年国内 产品	广告	9K	14K	第6年国内 产品	广告	9K	14K
P1				P1				P1				P1				P1				P1			
P2				P2				P2				P2				P2				P2			
P3				P3				P3				P3				P3				P3			
P4				P4				P4				P4				P4				P4			

第1年亚洲 产品	广告	9K	14K	第2年亚洲 产品	广告	9K	14K	第3年亚洲 产品	广告	9K	14K	第4年亚洲 产品	广告	9K	14K	第5年亚洲 产品	广告	9K	14K	第6年亚洲 产品	广告	9K	14K
P1				P1				P1				P1				P1				P1			
P2				P2				P2				P2				P2				P2			
P3				P3				P3				P3				P3				P3			
P4				P4				P4				P4				P4				P4			

第1年国际 产品	广告	9K	14K	第2年国际 产品	广告	9K	14K	第3年国际 产品	广告	9K	14K	第4年国际 产品	广告	9K	14K	第5年国际 产品	广告	9K	14K	第6年国际 产品	广告	9K	14K
P1				P1				P1				P1				P1				P1			
P2				P2				P2				P2				P2				P2			
P3				P3				P3				P3				P3				P3			
P4				P4				P4				P4				P4				P4			

附录4　公司采购登记表

公司采购登记表　　　　　　　　　　　　组别：＿＿＿＿＿

0年初始年	第一季度				第二季度				第三季度				第四季度			
原材料	R1	R2	R3	R4	R1	R2	R3	R4	R1	R2	R3	R4	R1	R2	R3	R4
订购数量																
采购入库																

1年	第一季度				第二季度				第三季度				第四季度			
原材料	R1	R2	R3	R4	R1	R2	R3	R4	R1	R2	R3	R4	R1	R2	R3	R4
订购数量																
采购入库																

2年	第一季度				第二季度				第三季度				第四季度			
原材料	R1	R2	R3	R4	R1	R2	R3	R4	R1	R2	R3	R4	R1	R2	R3	R4
订购数量																
采购入库																

3年	第一季度				第二季度				第三季度				第四季度			
原材料	R1	R2	R3	R4	R1	R2	R3	R4	R1	R2	R3	R4	R1	R2	R3	R4
订购数量																
采购入库																

4 年	第一季度				第二季度				第三季度				第四季度			
原材料	R1	R2	R3	R4	R1	R2	R3	R4	R1	R2	R3	R4	R1	R2	R3	R4
订购数量																
采购入库																

5 年	第一季度				第二季度				第三季度				第四季度			
原材料	R1	R2	R3	R4	R1	R2	R3	R4	R1	R2	R3	R4	R1	R2	R3	R4
订购数量																
采购入库																

6 年	第一季度				第二季度				第三季度				第四季度			
原材料	R1	R2	R3	R4	R1	R2	R3	R4	R1	R2	R3	R4	R1	R2	R3	R4
订购数量																
采购入库																

企业行为模拟——ERP沙盘模拟

附录 5 生产计划及采购计划

生产计划及采购计划编制举例

291

生产线		第1年				第2年				第3年			
		第一季度	第二季度	第三季度	第四季度	第一季度	第二季度	第三季度	第四季度	第一季度	第二季度	第三季度	第四季度
1 手工	产品			P1			P1					P2	P2
	材料		R1										
2 手工	产品				P1								
	材料		R1	R1	P1								
3 手工	产品	P1			P1								
	材料	R1	R1										
4 半自动	产品		P1	P1									
	材料	R1	R1										
5	产品												
	材料												
……	产品												
	材料												
合计	产品	1P1	2P1	1P1	2P1								
	材料	2R1	1R1		1R1								

生产计划及采购计划编制举例（1～3 年）

生产线		第 1 年				第 2 年				第 3 年			
		第一季度	第二季度	第三季度	第四季度	第一季度	第二季度	第三季度	第四季度	第一季度	第二季度	第三季度	第四季度
1	产品												
	材料												
2	产品												
	材料												
3	产品												
	材料												
4	产品												
	材料												
5	产品												
	材料												
6	产品												
	材料												
7	产品												
	材料												
8	产品												
	材料												
合计	产品												
	材料												

附录6　贷款审批表

公司贷款记录

贷款类		1年				2年				3年				4年			
		1	2	3	4	1	2	3	4	1	2	3	4	1	2	3	4
短贷	借																
	应还																
	核销																
长贷	借																
	应还																
	核销																

贷款类		5年				6年				7年				8年			
		1	2	3	4	1	2	3	4	1	2	3	4	1	2	3	4
短贷	借																
	应还																
	核销																
长贷	借																
	应还																
	核销																

附录7　市场开发投入登记表、产品研发登记表、ISO认证投资登记表、厂房处置登记表

市场开发投入登记表

公司代码：　　　　　　　　　　　　　　　　　　　　　　　　　　组别：＿＿＿＿＿＿

年度	本地(1y)	区域(1y)	国内(2y)	亚洲(3y)	国际(4y)	监督员签字
第1年						
第2年						
第3年						
第4年						
第5年						
第6年						
第7年						
总计						

产品研发登记表

项目	第1年				第2年				第3年				第4年			
	1Q	2Q	3Q	4Q	1Q	2Q	3Q	4Q	1Q	2Q	3Q	4Q	1Q	2Q	3Q	4Q
P1																
P2																
P3																
P4																

项目	第5年				第6年				第7年							
	1Q	2Q	3Q	4Q	1Q	2Q	3Q	4Q	1Q	2Q	3Q	4Q				
P1																
P2																
P3																
P4																

ISO 认证投资登记表

年度	第 1 年	第 2 年	第 3 年	第 4 年	第 5 年	第 6 年	第 7 年
ISO9000							
ISO14000							
总计							
监督员签字							

厂房处置登记表

项目	第 1 年			第 2 年			第 3 年			第 4 年			第 5 年			第 6 年			第 7 年		
	租	买	卖	租	买	卖	租	买	卖	租	买	卖	租	买	卖	租	买	卖	租	买	卖
大																					
小																					

附录8　组间交易登记表

产品（原材料）交易订单

购买单位		购买时间		年		季	
销售单位		完工时间		年		季	
		原材料			产品		
产品/原料	R1	R2	R3	R4	P1	P2	P3	P4
成交数量								
成交金额								
付款方式								
购买人								
售货人								
审核人								

注：①完工时间必须小于购买时间，否则为无效交易；②本协议可以事先签订，但必须交双方监督员审核签字后生效；③如果没有双方监督人签字，视为无效交易；④无效交易按交易额扣除双方利润。

产品（原材料）交易订单

购买单位		购买时间		年		季	
销售单位		完工时间		年		季	
		原材料			产品		
产品/原料	R1	R2	R3	R4	P1	P2	P3	P4
成交数量								
成交金额								
付款方式								
购买人								
售货人								
审核人								

注：①完工时间必须小于购买时间，否则为无效交易；②本协议可以事先签订，但必须交双方监督员审核签字后生效；③如果没有双方监督人签字，视为无效交易；④无效交易按交易额扣除双方利润。

产品（原材料）交易订单

购买单位		购买时间		年		季	
销售单位		完工时间		年		季	
		原材料			产品		
产品/原料	R1	R2	R3	R4	P1	P2	P3	P4
成交数量								
成交金额								
付款方式								
购买人								
售货人								
审核人								

注：①完工时间必须小于购买时间，否则为无效交易；②本协议可以事先签订，但必须交双方监督员审核签字后生效；③如果没有双方监督人签字，视为无效交易；④无效交易按交易额扣除双方利润。

产品（原材料）交易订单

购买单位		购买时间		年		季	
销售单位		完工时间		年		季	
		原材料			产品		
产品/原料	R1	R2	R3	R4	P1	P2	P3	P4
成交数量								
成交金额								
付款方式								
购买人								
售货人								
审核人								

注：①完工时间必须小于购买时间，否则为无效交易；②本协议可以事先签订，但必须交双方监督员审核签字后生效；③如果没有双方监督人签字，视为无效交易；④无效交易按交易额扣除双方利润。

附录9 ERP 沙盘推演实验评分表

ERP 沙盘推演实验评分表

计算公式：得分 =（结束年）所有者权益 ×（1+A/100）

其中：A 为以下分数之和

评分项目	分值	A组 数量	A组 得分	B组 数量	B组 得分	C组 数量	C组 得分	D组 数量	D组 得分	E组 数量	E组 得分	F组 数量	F组 得分	G组 数量	G组 得分	H组 数量	H组 得分	I组 数量	I组 得分	J组 数量	J组 得分
大厂房	15																				
小厂房	10																				
手工生产线（条）	5																				
半自动生产线（条）	10																				
全自动生产线（条）	15																				
柔性生产线（条）	20																				
区域市场开发	10																				
国内市场开发	15																				
亚洲市场开发	20																				
国际市场开发	25																				
ISO9000	10																				
ISO14000	15																				
P2 产品开发	5																				
P3 产品开发	10																				
P4 产品开发	15																				
结束年本地市场第一	5																				
结束年区域市场第一	10																				
结束年国内市场第一	15																				
结束年亚洲市场第一	20																				
结束年国际市场第一	25																				
A																					
权益																					
扣分																					
得分																					
排名																					

图书在版编目(CIP)数据

企业行为模拟——ERP沙盘模拟/郭婉儿主编.—成都:西南财经大学出版社,2017.11(2024.2重印)
ISBN 978-7-5504-3232-1

Ⅰ.①企… Ⅱ.①郭… Ⅲ.①企业管理—计算机管理系统—高等学校—教材 Ⅳ.①F270.7

中国版本图书馆CIP数据核字(2017)第244929号

企业行为模拟——ERP沙盘模拟

主　　编:郭婉儿
副主编:杨咏梅

责任编辑:李晓嵩
责任校对:王　琳
封面设计:何东琳设计工作室
责任印制:朱曼丽

出版发行	西南财经大学出版社(四川省成都市光华村街55号)
网　　址	http://cbs.swufe.edu.cn
电子邮件	bookcj@swufe.edu.cn
邮政编码	610074
电　　话	028-87353785
照　　排	四川胜翔数码印务设计有限公司
印　　刷	四川五洲彩印有限责任公司
成品尺寸	185mm×260mm
印　　张	19.125
字　　数	375千字
版　　次	2017年11月第1版
印　　次	2024年2月第7次印刷
印　　数	13001—14000册
书　　号	ISBN 978-7-5504-3232-1
定　　价	39.80元